创新创业能力训练

本书编委会 编

中国书籍出版社
China Book Press

《高职学生职业核心能力教程》编委会

主　　任　　何子安
副 主 任　　冯新广
编　　委　　牟善德　韩　振　邵长胜　李　波
　　　　　　厉建刚　孙　刚　石勤玲　牟宗国
　　　　　　张永春　王　珍
编写人员　　刘贤军　乔　蕾　丁明军　袁凤英
　　　　　　夏　晶　韩玉波　汪　海　程金芝
　　　　　　吴郁芬　陈　龙　马子理　王秀红
　　　　　　刘夏辉　董　敏　焦安村　李宗香
　　　　　　苏　臻

本书编委会

主　　编　　袁凤英　王秀红　董　敏
副 主 编　　牟宗国　乔　蕾　丁明军

前　言

2010年,教育部《关于推进高等学校创新创业教育和大学生自主创业工作的意见》指出:"大学生是最具创新、创业潜力的群体之一。在高等学校开展创新创业教育、积极鼓励高校学生自主创业,是教育系统深入学习实践科学发展观、服务创新型国家建设的重大战略举措;是深化高等教育教学改革,培养学生创新精神和实践能力的重要途径;是落实以创业带动就业,促进高校毕业生充分就业的重要措施。"根据高职学生特点,我们编写了这本《创新创业能力训练》教材,目的是通过本教材的学习与训练,切实提升学生的创新创业能力,为学生将来就业创业拓展思路。

本教材共分为两大部分:第一部分为创新能力训练,着重于培养学生的创新思维、创造能力等;第二部分为创业能力训练,从创业素质培养、创业前准备以及创办企业管理等角度提升学生的创业能力。本书在编排过程中,根据内容不同,上下两篇的编排形式稍有不同,目的是体现不同的训练内容。两部分在编写的过程中都引用了大量案例,目的是让学生通过案例学习来弥补实践上的不足。

本书在编写时参考了大量国内外同行的成功经验,在此一并致谢。由于编写时间仓促,编写者水平有限,书中难免有疏漏之处,敬请各位同行以及读者提出宝贵意见。

编　者
2014年1月

目 录

上篇 创新能力训练

第一单元 激发创新意识 …………………………………………………… 3

第一节 树立问题意识 / 3
第二节 培养创新兴趣 / 8
第三节 发挥创新潜能 / 11

第二单元 拓展创新思维 …………………………………………………… 15

第一节 扩散思维 / 15
第二节 收敛思维 / 26
第三节 联想思维 / 34
第四节 逆向思维 / 42
第五节 组合思维 / 52

第三单元 掌握创造技法 …………………………………………………… 58

第一节 分析列举法 / 58
第二节 组合法 / 64
第三节 设问检查法 / 68
第四节 想象思维方法 / 75
第五节 智力激励法 / 78

第四单元 提升创新技能 …………………………………………………… 83

第一节 问题解决能力 / 83
第二节 决策能力 / 88
第三节 应变能力 / 92
第四节 信息处理能力 / 96

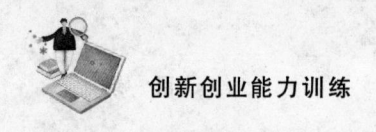

第五节　协调能力　/ 99
第六节　逻辑思维能力　/ 106

下篇　创业能力训练

第一单元　培养创业素质　　　　113

第一节　企业及企业类型　/ 114
第二节　与创业相关的政策法规　/ 119
第三节　创业需具备的基本能力　/ 123

第二单元　寻找创业项目　　　　128

第一节　寻找创业项目的方法　/ 129
第二节　创业项目商机评估　/ 133
第三节　编制创业计划书　/ 138

第三单元　制订经营方案　　　　143

第一节　筹集创业基金　/ 144
第二节　选择创业经营场地　/ 147
第三节　制定产品价格　/ 151
第四节　策划营销方案　/ 154

第四单元　加强创业管理　　　　160

第一节　创业风险管理　/ 161
第二节　创业财务管理　/ 165
第三节　创业团队管理　/ 168

参考资料　/ 172

上篇 创新能力训练

十篇有關於此者

第一单元 激发创新意识

21世纪最显著的特征和灵魂就是创新。美国精神的杰出代表约翰·D.洛克菲勒说过:"如果你想成功,你应该去开辟一条新路,而不是总是墨守成规地沿着老路走。"

创新是每一个人所具备的一种潜在能力。这种潜在能力能否被挖掘、开发出来,从而使一个普通人跃升为一个创新者,取决于这个人是否具有一个创新者应该具备的素质——问题意识、创新动机和创新兴趣。

第一节 树立问题意识

【案例一】

世界上没有愚蠢的提问者

2004年7月四位诺贝尔奖获得者到北京演讲,每场演讲结束后,都会留出十分钟的时间让大家来提问。但非常可惜的是全场一千多人竟没有一个人提问,鸦雀无声。他们大吃一惊,说:"难道我们的理论就那么完美无缺,一点问题都提不出来了吗?太不可思议了!"

【案例二】

谁是最好的学生

20世纪初,在剑桥大学,维特根斯坦是大哲学家穆尔的学生。有一天,大哲学家罗素问穆尔:"谁是你最好的学生?"穆尔毫不犹豫地回答:"维特根斯坦。""为什么?""因为在我所有的学生中,只有他一个人在上我的课时总是流露出迷茫的神色,总是有一大堆问题。"后来,维特根斯坦的名气超过了罗素。有一次,有人问维特根斯坦:"罗素为什么落伍了?"他回答说:"因为他没有问题了。"

【案例三】

沉重的"钱学森之问"

"为什么我们的学校总是培养不出杰出人才?"

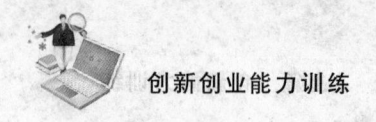

"现在中国没有完全发展起来,一个重要原因是没有一所大学能够按照培养科学技术发明创造人才的模式去办学,没有自己独特的创新的东西,老是'冒'不出杰出人才。"

这就是沉重的"钱学森之问",也是这位著名爱国科学家最后留给我们的深沉思考。

2010年5月4日,温家宝总理来到北京大学,与同学们共同度过"五四"青年节。化学院一位学生向温总理提出了"如何理解钱学森关于中国大学为什么培养不出杰出人才"的问题。温家宝说:"'钱学森之问'对我们来说是一个很大的刺痛,也是很大的鞭策。钱学森先生对我讲过两点意见,我觉得对同学们会有用。一是要让学生去想去做那些前人没有想过和做过的事情,没有创新,就不会成为杰出人才;二是学文科的要懂一些理工知识,学理工的要学一点文史知识。"

什么是问题意识

以上案例充分说明了问题意识在人的思维活动乃至认识活动中是多么的重要。有了问题,思维才有方向,才有动力;有了问题,才有主动探究的愿望。实验科学的鼻祖培根说:"如果你从肯定开始,必将以问题告终;如果从问题开始,则将以肯定结束。"培根的成功就是因为他抓住了那个时代要解决的问题。被称为"现代科学之父"的爱因斯坦更明确地指出:"提出一个问题往往比解决一个问题更重要,因为解决一个问题也许仅是一个数学上的或是实验上的技能,而提出新的问题、新的可能性,从新的角度去看旧的问题,却需要有创造性的想象力,而且标志着科学的真正进步。"

所谓问题意识,是指人们在认识活动中,经常意识到一些难以解决或疑惑的理论问题及实际问题,并产生一种怀疑、困惑、焦虑、探索的心理,这种心理又驱使个体积极思维,不断提出问题和解决问题。思维的这种问题性心理品质,称为问题意识。问题意识在思维过程和科学创新活动中占有非常重要的地位,对创新教育教学活动来说,问题意识是培养学生创新精神的切入点。

问题意识不仅体现了个体思维品质的活跃性和深刻性,也反映了思维的独立性和创造性。强烈的问题意识作为思维的动力,促使人们去发现问题、解决问题,直至有了新的发现和创新。一般来说,显而易见的问题毋需发现,难以发现的是蕴含在习以为常的现象背后的问题。所以,发现表现为意识到某种现象的隐蔽未解之处,意识到寻常现象中的非常之处。从这个意义上说,发现问题是解决问题的关键,是创新的起点和开端。

科学上很多重大发明与创新,与其说是问题的解决者促成的,不如说是问题的寻求者促成的。伽利略对亚里士多德"自由落体定律"的科学修正及创新,非常清晰而准确地说明了这一点。比萨斜塔上的试验几乎人人可为,但是能意识并发现这一问题的仅有伽利略一人。就像每天烧开水时有无数的人都可看到水开时壶盖会跳,但没有人能像瓦特那样提问:壶盖为什么会跳?正是瓦特这一问题的提出导致蒸汽机的发明,从而直接推动了人类社会由农业文明进入工业文明。这些理论与实践,非常有力地证明了一个简单却十分重要的道理:一切创新都始于问题的发现,而发现问题又源于强烈的问题意识。所以,没有问题意识,创新精神及创新活动将成为无本之木。

【案例四】

一个问号价值六十亿

2000年3月,上海的媒体连续报道了几起交通事故,而其中的"致命杀手"都是司机在急刹车时误踩油门。看着电视上哭天抢地的画面,上海一个17岁小女孩邬口关博的心被一种强烈的悲怆撕裂着:血不可以少流些吗?从此,每次乘车她都要问司机:正常的踩油门和踩急刹车有何不同?问了几十个司机后,她发现:两者有速度上的差别,一般踩油门用时1.5秒左右,而踩急刹车仅0.5秒甚至更短。在对国内几乎所有型号的汽车进行测试后,她肯定了这个数据的确切性。于是,经过一个多月的实践,一种以CMOS芯片为主的控制装置诞生了。这套装置有自动判断功能,一旦"发现"司机将刹车误踩成油门,则该装置就自动发出指令,打开气压刹车系统,刹住车轮,同时断开汽车发动机的点火线路;如果"判断"司机属正常操作,则中央控制器不干涉。据市场调研,我国约2000多万辆汽车中即使只有20%配备了邬口关博发明的控制装置,其市场价值也有60亿元。

【案例五】

只贷一美元的犹太商人

一位犹太富豪进入一家银行,来到贷款部前,大模大样地坐了下来。

"请问先生,您有什么事情需要我们效劳吗?"贷款部经理一边小心地询问,一边打量来人的穿着:名贵的西服,高档的皮鞋,昂贵的手表,还有镶着宝石的领带夹子。

"我想借点钱。"

"完全可以,您想借多少呢?"

"1美元。"

"只借1美元?"贷款部的经理惊愕了。

"我只需要1美元。可以吗?"

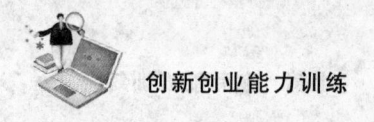

"当然,只要有担保,借多少,我们都可以照办。"

"好吧。"犹太人从豪华的皮包里取出一大堆股票、国债的债券等放在桌上,"这些作担保可以吗?"

经理清点了一下:"先生,总共50万美元,作担保足够了,不过先生,您真的只借1美元吗?"

"是的。"犹太商人面无表情地说。

"好吧,到那边办手续吧,年息为6%,只要您付出6%的利息,一年后归还,我们就把这些股票和作保的证券还给您……"

"谢谢。"犹太富豪办完手续,便准备离去。

一直在一边旁观的银行行长怎么也弄不明白,一个拥有50万美元的人,怎么会跑到银行来借1美元呢?

他从后面追了上去,有些窘迫地说:"对不起,先生,可以问您一个问题吗?"

"你想问什么?"

"我是这家银行的行长,我实在弄不懂,您拥有50万美元的家当,为什么只借1美元呢?要是您想借40万美元的话,我们也会很乐意为您服务的……"

"好吧!既然你如此热情,我不妨把实情告诉你。我到这儿来,是想办一件事情,可是随身携带的这些票券很碍事。我问过几家金库,要租他们的保险箱,租金都很昂贵。我知道贵行的保安很好,所以,就将这些东西以担保的形式寄存在贵行,由你们替我保管,我还有什么不放心呢!况且利息很便宜,存一年才不过6美分……"

问题来自何处

歌德在《浮士德》中说:"理论是灰色的,而生活之树是常青的。"法国哲学家柏格森把实在世界理解为"生命之流"。也就是说,生活世界是瞬息万变的,新事物也是层出不穷的,而任何理论一经形成,也就成了灰色的东西,因为它没有了生活世界的鲜活的、丰富的色彩。问题来自于我们每时每刻都与之打交道的生活世界,只要我们像安泰依靠大地母亲一样依靠着生活世界,问题就会在我们的大脑中涌现出来。换言之,只有自觉地关注生活世界的人,才能持久地拥有问题意识。

综合训练

电力职工许杏桃

一个最初只有中专学历的职工,自主开发了一套控制系统,可让全国电网每年节电136亿千瓦时。这套控制系统,已在全国19个省市的部分电网推广应用。

这个系统的发明者,就是泰州供电公司职工许杏桃。为此他荣获了2009年度国家科技进步二等奖。

作为一名电力企业一线职工,许杏桃先后获得2项中国电力科技进步奖、3项省级科技进步奖,有的成果甚至超过国家一些专业研发机构的水平。他本人先后获得"中央企业劳动模范"、全国五一劳动奖章、全国职工十大科技创新成果奖等殊荣。

许杏桃出生在兴化市林湖乡一个农民家庭。敦实的身材、略大于常人的脑袋、厚厚的镜片、执着的眼神,这是许杏桃留给人们的第一印象。在他的记忆里,父亲拥有一双巧手,经常帮左邻右舍做些修修补补。许杏桃从小就觉得父亲很了不起,能把别人做不了的难事变得简单起来。

令许杏桃难忘的是小时候家乡昏暗的夜晚。那时,农村电网电压不稳。在昏黄的灯光下,他发奋苦读,考取了南京电力学校。1991年毕业后,许杏桃回到兴化供电局从事线损管理工作。"当时配电线路的电损几乎达到用户电量的一半,加上电压偏低,经常造成工厂电动机烧毁,农村灌溉机也开不起来。"许杏桃记得,有一次到竹泓镇检查线损时,他亲眼看到一个农电工与一个门市的电焊师傅因电损收费问题发生争执,当场打了起来。

从此,他与电网降耗"较上了劲"。晚上,他在宿舍反复查阅资料,并用数学公式计算数据。而当他潜心研究时才发现现实中的电网比教科书上写的要复杂得多,仅靠简单的手工计算无法解决实际问题。

在兴化工作期间,许杏桃结交了一帮工友,有抄电表的、搞配电的、收电费的等,他们会向许杏桃提出各种问题。当时,收电费试行电脑开票,系统出了问题也来找他。有时别人都回家了,许杏桃还守在计算机前,经常一研究就是一夜。就这样,电脑开票问题解决了,他也初步学会了计算机编程。而正是在这期间,许杏桃有了意想不到的收获,他找到了自己的主攻方向:将计算机软件技术运用于电网实时控制,从而解决电网节能与稳压的分析控制问题。

1997年冬天,是许杏桃从事"地区电网无功电压优化运行集控系统"研发的关键时期。他吃住几乎都在工作室,和同事们将几万条、几十万条信息代码逐一输入电脑。经过两年努力,这个系统终于完成了。1999年11月,泰州电网调度正式运用该系统。许杏桃连续三天三夜没合眼,一直盯着监控中心的大屏幕。他在日记中写道:"我的心,因每一次指令的发出而狂跳着……"

经国内权威专家鉴定,这套系统彻底改革了我国传统的供电网无功电压控制方式,开创了中国电网节能稳压的新时代。

2005年底,许杏桃又主持开发了"10kV及以下配电网无功电压优化控制系

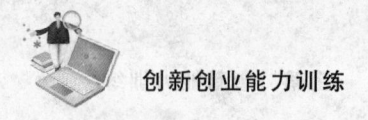

统"。这套系统可实现"用5%的钱解决95%的问题",使长期困扰贫困地区的农村用电问题得到了迅速解决。

此后,他更加致力于研发创新,相继在"电能质量监测与治理"、"安全生产智能化管理"等领域推出十几项成果。多项创新成果颠覆了传统,也颠覆了教科书。与许杏桃一起研发的杨君中认为:"他做的大多是常人认为不可能的事!"对此,东南大学教授唐国庆评价说,许杏桃的最大贡献是在应用和推广上研发了适用性很强的科技产品,在这方面,国内没几个人可以与他相比。

思考:电力职工许杏桃的事迹给你什么启示?

第二节　培养创新兴趣

【案例一】

两次荣获诺贝尔化学奖的英国生物化学家弗雷德里克·桑格说:"我很幸运获得了两次诺贝尔奖。我的工作能得到认可是令人激动的,但真正的乐趣蕴含于工作本身。科学研究就像发现新大陆,需要你不断地尝试以前没有尝试过的新事物。这些尝试有很多是没有效果的,但我在计划遭受挫折时从来不着急,我会开始设计下一次实验,整个探索的过程都充满了快乐。"

什么是创新兴趣

兴趣是积极探究某种事物的认识倾向,它使人对该事物给予优先的注意,并且具有向往的心情。兴趣具有吸引力,有了兴趣,人就会感到满意、快乐、兴奋。人的兴趣具有两种表现:一种表现为积极的、健康的、高尚的兴趣;另一种表现为消极的、不健康的、低俗的兴趣。

创新兴趣,是指对于创新工作的兴趣。创新兴趣,不仅是人们积极从事科技创新工作的动力之一,而且还能使人在艰辛繁琐的科学研究中体会到快乐,并孜孜以求。

【案例二】

吉尔福特是一位著名的心理学家,被奉为"现代创造力之父"。二战期间,他被派去设计一项能够挑选出最佳轰炸机飞行员人选的性格测试。为此,吉尔福特使用了智力测验、评分系统及面试等方法。令他大为恼火的是,空军委派了一名没有经过心理训练的退役空军飞行员协助他进行筛选工作,吉尔福特自然不信任这名退役空军飞行员,最终,吉尔福特与退役飞行员挑选了不同的候选人。不过奇怪的是,在随后的工作评审中,吉尔福特挑选的飞行员与退役飞行员挑选的人选相比,被击落毙命的人数要多出许多。吉尔福特为自己将这么多飞行员送上绝路而沮丧不已,甚至想到要自杀。但最终他没有那样做,他决心要找出退役飞行员挑选的人选比自己挑选的出色的原因。这位退役飞行员说他问了所有飞行员候选人一个问题:"你在飞越德国时,如果遭遇德国的防空部队炮火会怎么办?"他淘汰了所有回答"我会飞得更高"的候选人,而挑选了违反飞行条例准则的人,例如那些回答"我不知道,可能我会俯冲"或"我会以'之'字形前进"或"我会转圈,掉头避开火力"的人。遵循飞行条例准则的飞行员都是可被预测的人,这就是吉尔福特失败的原因。因为德国人清楚美国飞行员遭遇炮火会飞得更高,因而他们的战斗机会停留在云端,准备将美国飞行员击落。换句话说,那些具有创造力、不按照准则行事的飞行员会比那些可能更聪明、但却局限于规则的飞行员更容易幸存下来。吉尔福特突然意识到具有与众不同的思维和富有创造力是一种才华,因此他决定进一步去研究这种才华。他的目的是通过识别那些能够灵机一动就想到绝妙办法、具有创造力的人,从而找到选择最佳飞行员的方法。吉尔福特为空军设计的最初的创造力测试方法之一是要求候选人尽可能多地说出砖的用途,尽管简单,但却是测试人的创造力的绝佳方法。有些人不费吹灰之力就想出了无数种用途,速度之快不容你一一记下,但另外一些人却在沉思了数分钟之后,仅仅说出砖的五种用途。这也是发掘一个人或团队创造力的绝妙办法。

创新兴趣的作用

创新兴趣引导着创新目标的确立、创新能力的开发,创新方向和创新目标是由创新兴趣引导确立的。爱因斯坦以创新兴趣为导师培养和确立创新目标,堪称创新史上的典范。爱因斯坦说:"我逐渐学会抱着某种负疚的心情自由自在地生活,安排自己去学习那些适合于我的求知欲和兴趣的东西。"爱因斯坦在创新兴趣的引导下,成为一名理论物理学家。他说:"一切方法的背后,如果没有一种生气勃勃的精神,它们到头来都不过是笨拙的工具。但是如果渴望达到这个目标的念头强烈地活跃在我们心里,那么我们就不会缺少干劲去寻找达到这个目标并且把它化为行动的方法。"爱因斯坦在这里所说的方法背后隐藏的"生气勃勃的精神",无疑是指确立创新方向和创新目标的创新兴趣。

【案例三】

有一次,雷内克在朋友家的院子里散步,看见玩耍的孩子们把耳朵贴在长木棍的一端,倾听系在另一端的一根大头针轻轻的敲击声。雷内克觉得很有趣,就走上前去和孩子们一块玩。他试着听了听,果然能听到清晰的沙沙声。回医院工作时,他立即用一张纸紧紧地卷成一个圆筒,将一头按在一位患者的心脏部位,另一头贴在自己的耳朵上。他惊喜地发现,这种方式比直接用耳朵贴着胸部听心脏

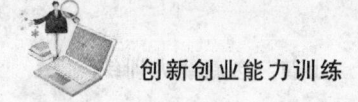

跳动要清晰得多,就连平时很难听到的轻微的杂音也能听出来。试验成功后,他就找人专门制作了一根空心的木管用来听诊,这就是最初的听诊器。后来,雷内克又对听诊器进行了多次改进,最后确定为喇叭形的象牙管接上橡皮管。听诊器的出现改变了传统的诊断方式,提高了诊断的准确性。

【案例四】

比尔·盖茨认为:"创新是一种力量,是幸福的源泉。"英国著名哲学家罗素则把创新看作是"快乐的生活"。前苏联教育家苏霍姆林斯基也认为:"创新是生活中最大的乐趣,幸福是在创新中诞生的。"他在《给儿子的信》中提到:"生活的最大乐趣寓于与艺术相似的创造性劳动之中,寓于高超的技艺之中。如果这个人热爱自己的事业,那么他一定会从他的事业中得到很多美好的事物,而生活的快乐也就寓于此。"

创新是生活幸福的动力。我们生活中无法切身体会爱迪生发明电灯时所感到的那种愉悦和满足,但是类似的感觉一定有。你可能刚解决了一个数学难题、一件烦人的家庭琐事,或攻克了一个技术难关,这些事情并不亚于黑暗对爱迪生的困扰。而当你解决了这些问题的时候,你一定也会感到一身轻松、身心愉悦。创造性思考让我们的生活充满了乐趣。

综合训练

一、创新人格测试

以下21个陈述,没有什么对或错,只是在察看你的态度。请找出符合自己的情况,并用下列符号回答:A.很同意 B.同意 C.不确定 D.不同意 E.很不同意

1. 我很注意学习新知识、新思想和新观点。
2. 我愿意尝试用新的观点和新的方法去解决问题。
3. 我已经能熟练运用计算机进行学习、办公、开展业务活动或进行课堂教学了。
4. 我对将要发生的事情总有预见性。
5. 我的同事总是可以依靠我掌握现有设备的新用法。
6. 我有幽默感。
7. 我愿意经常和其他不同公司或部门的专家接触。
8. 我喜欢在工作中学习。
9. 在会议上我会就工作的新方式提出建议。
10. 我常在工作上自加压力、自找动力、自我激励。
11. 我喜欢树立较高的工作目标并将其结果具体化、社会化。

12.思考问题时我会注意发散思维,不受一些原则或条约的束缚。

13.我乐意听取朋友、同事们的意见。

14.我常把自己的工作放到市场、社会的层面来审视,以期提出更加完善的举措。

15.不愿例行公事的人不应该被惩罚。

16.我对正式的会议讨论感到很沮丧。

17.当一个新项目开始时,我希望更多地了解工作的数量而非工作的质量。

18.在工作中我有能力使工作多样化。

19.我会离开一个对我来说没有挑战性的工作。

20.我不在乎别人对我的想法说三道四。

21.我总愿意以最终结果的经济效益来评估某项业务工作的价值和意义。

记分方法:A—5分,B—4分,C—3分,D—2分,E—1分。

结果说明:总分在60分以上,说明有创新人格特征;低于60分,说明创新人格特征不明显。

二、相识有创造力的我

请你用创造性的方式介绍自己,轻松活泼地向大家展示自己的创造力。

可以借助五种感官来向大家介绍自己,也可现场自由发挥。

例:我的姓名是:陆苗苗

我是一名:旅行者

我利用五种感官来介绍我自己:

我看起来像:一阵旋风

我闻起来像:海边清风

我摸起来像:一个气泡

我听起来像:煮沸的咖啡

我品尝起来像:热奶油巧克力、圣代冰激凌

我最近的冒险经历是:在热浴缸里边吃坚果边读有关《倩女幽魂》、《画皮》之类的故事。

第三节 发挥创新潜能

【案例一】

美国一家饭店的老板向员工宣布:为了提高饭店的营业额,每个员工必须至少提出一个建议,否则就要被炒鱿鱼。一个女清洁工为此十分苦恼,因为她知识水平有限,做的也都是简单的工作,似乎谈不上什么创新。有一天,她在饭店门口打扫卫生的时候,发现饭店门口的塑像挡住了顾客,大多数人没有选择从饭店门口经过,而是从大街外面走。她想,如果把这个塑像摆在外面一点,也许会有更多的人选择从饭店门口经过。到了必须上交点子的时候,她硬着头皮把这个点子交了上去。让她很意外的是,饭店马上采纳了她的建议,客流量果然增加了许多,她本人也因此获得了5000美元的奖励。

【案例二】

日本丰田公司不仅有专门的产品创新部门,而且还成立了各种形式的创新小组,借此激发员工的创造力。仅1975年一年,公司就收到来自员工的881488项发明设计,直接经济效益达到了160亿日元。丰田的一位员工这样描述他自己的改变:"我们现在对工作时遇到的很多问题都有追求更好的习惯,我们在做一项工作的时候,总是在想自己是否可以做得更好?是不是最节约成本?可不可以完成得更快?"

由以上案例可以看出,创新并不是多么难的事情,重要的是我们要好好利用自己的潜能,有针对性地提高自己的创造力。

人人都有创造力

实际上,每个人都有创造的潜能。科学研究表明,创造力是人的大脑长期进化的产物,是现代人类大脑的一种自然属性,就好像呼吸一样。从生理学上说,人类具有无限的创造潜能。首先,发育中的人脑结构具有极大的可塑性,大脑的变化将导致学习、记忆、行为以及精神等神经系统功能的变化。更加重要的是,大脑的可塑性具有终身性,这使得神经系统形态与功能具有巨大的发展潜力。

留意一下便不难发现,我们身边的每个人都有创造力:学生用一种较为简单的方法解决了一个数学难题,这是学习方面的创造力;汽车工人使用一种先进的方法来提高工作效率,这是工作方面的创造力;企业管理者想出一些新方法、新举措,这是企业管理方面的创造力;而作家和艺术工作者创作出作品,则是文艺方面的创造力。

【案例三】

塞缪尔发现自己的妻子玛格丽特在把火腿放进炉子之前,总是会把火腿的两端切掉。有一次,他终于忍不住问玛格丽特为什么要这么做。玛格丽特说:"哦,我也不知道为什么,我妈妈就是这么做的。"于是,塞缪尔去问他的岳母。岳母笑了笑,回答道:"我也不知道。我看到我妈妈烤火腿时是这样做的,所以我也一直这样做。"玛格丽特的外婆正好也坐在桌旁帮忙,听到这个问题,她笑着解释道:

"我总是把火腿的两头切掉,那是因为我的烤盘太小,盛不下整个火腿。到后来就慢慢变成一种习惯了。"

甩掉你的坏习惯

我们每个人可能都有一些自己不易察觉的习惯,这些习惯本身毫无意义。发挥创造潜能,你首先要做的就是甩掉那些阻碍你创造的习惯。想要成功,就必须学会时刻"洗脑",摒弃因循守旧的观念,积极创新求变。我们很多人常抱怨自己脑子笨,这是因为不开动脑筋,一直在过去的思维模式中打转转。

破除思维定势

著名的"跳蚤实验"可以很好地说明思维定势对思维的阻碍作用。跳蚤能跳的高度是它自己身高的400倍,是世界上跳得最高的动物。实验者将跳蚤放进瓶中,它一下子就跳了出来。然后实验员将瓶子用木塞盖上,一开始跳蚤总是希望能够把瓶盖冲开,于是进行了一次次的撞击,不过都以失败而告终。经过一段时间的尝试,跳蚤每次跳的高度都不再到达瓶盖处。后来,即使实验人员把瓶盖拿走,跳蚤也跳不出来了。这充分说明了思维定势对思维灵活性的不利影响。创造是需要打破思维定势的。那些难以突破思维定势的人必定无法进行自由地创造。

【案例四】

日本江户时代有一位将军需要到东照宫去觐见天皇,不料在他出发的前一天下了一场暴雨,造成石砌的城墙坍塌,挡住了觐见的道路。因为道路狭窄,当地的城主不得不想办法把这些石头弄走。

城主带了许多手下来,他们本想把抬来的原木放在地上,然后把石头放在原木上,滚动前行,但是原木却嵌入了稀泥之中,石头根本无法滚动。而且石头过于庞大,如果要把它们一块块抬走的话,需要很长的一段时间。总之,无论使用何种方法,他们都不能尽快搬走石头,使将军按时出发到达东照宫。按照当时的日本法律,在这种情况下,城主一定会被判为死罪。城主无计可施,决定剖腹自尽。这时候,一名伊豆守护建议:在石头的周围挖坑,把石头埋起来。这位伊豆守护的思考方式和别人截然不同,别人只是想着如何把石头运走,而他却反其道而行之——如何在不搬走石头的情况下解决问题。

【案例五】

一家蛋糕加工厂召开了一次研讨会,会议的议题是如何使核桃仁能被完整地取出来而不会被敲碎。会上,有不少人提出了建议。其中一个建议听上去最为离谱,一个年轻人说:"如果能让核桃自动裂开就好了……"这是一个匪夷所思的建议,在场的人几乎都认为这是天方夜谭,核桃怎么会自动裂开?但是有一位有心人,循着这条思路继续思考,终于想出了一个能完整取出核桃仁的好

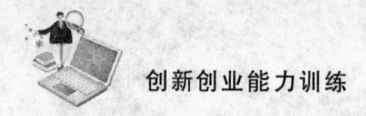

办法:在核桃上打孔,然后向内部灌入压缩空气,依靠核桃内部的压力使核桃自动爆裂!

破除思维定势,需要摒弃你的经验和感觉的限制,全面地思考问题本身,从而想到合适的方法。对于一个善于开发和使用自己大脑的人来讲,没有什么事情是荒诞的,任何看似荒诞的事情都有其存在的必然性。在现有条件下,如何开发大脑潜能呢?如果说,大脑的物理构造是神经细胞、神经元和纤维质,那么它的灵魂构造就是我们的思维方式。我们无法从物理构造入手再造我们的大脑,却能再造我们的思维方式,使我们的思维更加合理和有效,从而发挥大脑潜能。

综合训练

一、把书打开,把你的手随意地指向书页的一个词语,然后把这个词语用在你寻找的一个观念过程里。例如,你想找到一个乐趣更多的运动方法。打开书,闭上眼,把手放在一个词上。这个词是"折页",想想看,用"折页"这个概念,你如何能更愉快地进行锻炼呢?

下面是一位同学做了这个练习题想到的答案:

方法一:在门折页的小栓上套一个环,环上系好一条可以自由伸缩的带子,带子另一端是把手,这样看电视时就可以手拉手做运动。

方法二:用许多折页、重物和滑轮,做成你自己天才型的"个性健身器"。当你慢慢用一点压力去举重时,同时就把书翻了页。这个机器设计恰到好处,你举重所需时间正好和你读书翻页的时间配合。

方法三:……

要求:

1. 请你继续做以上习题,并考虑出其他更多的方法。
2. 请你确立一个自己的观念过程和词语,完成相应训练。

二、改进项目单

1. 请你列出使你烦恼的某些学习生活用品(至少三种),说明需要改进的具体方面。
2. 选定你想到的某一具体用品,设计几种解决方案,最好能说明细节。

第二单元　拓展创新思维

你善于发现并提出问题吗?

你看问题的角度是你自己的,还是别人提供或者教授给你的?

你能够从一件坏事中看到好的方面吗?

你善于联想吗?

你的头脑中时常会蹦出一些古怪而有趣的想法吗?

仔细思考这几个问题,你会发现,它们都指向一个方向——我们的思维方式。培根说:"勤于思考是一种美德。"一位百万富翁说:"勤于思考是财富的源泉。"善于思考是创新的首要条件,善于创新又是财富的重要来源。所以我们说,财富是想出来的。"流水不腐,户枢不蠹",只有勤于思考,拓展创新思维,我们的大脑才会越用越好用,我们的世界才会越走越宽阔。

第一节　扩散思维

【案例一】

曲别针用途知多少

有一次,在一个以创新思维为主题的研讨会上,一位发言者拿出一把曲别针,对在场的人说:"请大家动一动脑筋,说出曲别针的用途,看谁说得多而奇特。"静默片刻后,大家开始说:"曲别针可以夹杂志、别相片、做发夹、当鱼钩、代替西装领带上的别针、拉直一端画图或写字、拉直一端烧红了可在软木塞上穿孔……"大约说了30多种,而这个发言者却一直摇头不语。于是,有人就问:"你呢?你能讲多少种?"

这个发言者微笑着说:"你们说得太少了,其实,曲别针的用途能达到上千万种。"在场的人一片哗然:"这怎么可能,你能用什么方法证明?"这个发言者不慌不忙地给出了答案。

原来,他是把曲别针的总体信息分解成材质、重量、体积、长度、截面、韧性、颜色、弹性、硬度、弧度等多个要素,然后把这些要素用线连成信息标(X轴),再把与曲别针相关的信息要素分解,连成信息标(Y轴)。两轴相交并垂直延伸成为"信息反应场",两轴各点信息依次相乘,进行信息交合,就列出了曲别针万种甚至是

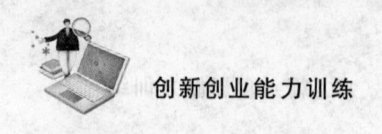

无穷的用途。

【案例二】

变垃圾为宝贝

当年,在奥斯维辛集中营,一位犹太人对他的儿子说:"现在我们唯一的财富就是智慧,当别人说1加1等于2的时候,你应该想到大于2。"后来,纳粹党在奥斯维辛毒死那么多人,父子俩却活了下来。

1946年,他们来到美国,在休斯顿做铜器生意。有一天,父亲问儿子1磅铜的价格是多少,儿子答35美分。父亲说:"对,整个得克萨斯州都知道每磅铜的价格是35美分,但作为犹太人的儿子,你应该说3.5美元。你试着把1磅铜做成门把手看看。"

20年后,父亲去世,儿子独自经营铜器店。他做过铜鼓,做过瑞士表上的簧片,做过奥运会的奖牌,他曾把1磅铜卖到3500美元,这时他已是麦考尔公司的董事长了。

然而,真正使他扬名的是纽约州的一堆垃圾。

1974年,美国政府为清理翻新自由女神像后扔下的废料,向社会广泛招标。但好几个月过去了,没人应标。正在法国旅行的他听说后,立即飞往纽约,看过自由女神像下堆积如山的铜块、螺丝和木料后,未提任何条件,当即就签了字。当时不少人对他的这一举动暗自发笑。因为有2000多吨的垃圾既不能就地焚化,也不能就地挖坑深埋,送到垃圾厂又运费昂贵,而且在纽约州垃圾处理有严格的规定,处理不好会受到环保组织的起诉。

就在一些人等着看他的笑话时,他开始组织工人对废料进行分类。他让人把废铜熔化,铸成小自由女神像;他把木头加工成木座;废铅、废铝做成纽约广场的钥匙,最后他甚至把从自由女神像身上扫下的灰尘都包装起来,出售给花店。不到三个月的时间,他让这堆废料变成了350万美金,其中每磅铜的价格已经整整翻了1万倍。

什么是扩散思维

在案例一中,能对曲别针的用途作出千万种回答,没学扩散思维的话是难以做到的,也是难以想到的。这位回答者之所以能做出惊人答案,是因为他对思维对象进行了多要素、多层次、多方位的思考,这就是扩散思维。在案例二中,别人说1加1等于2,他们看到了1加1大于2;别人知道每磅铜35美分,他们认为可以3.5美元或3500美元;别人弃置的垃圾,他却当作宝贝处理。这种不受常规束缚、独辟蹊径的洞察力和行为也是源于扩散思维。他们能"活命"、"发财"、"变废为宝",是因为他们的思维方式不满足于现有的答案,对任何事情都会思考——还有其他的可能性吗?这同样是扩散思维。

扩散思维,又称发散思维、辐射思维、求异思维、多向思维等,是指面对问题时沿着多方向思考,产生出多种设想或答案的思维方式。即变换不同视角,从一个点发散出去,向多方面进行充分的联系和思考,突破已知领域,探索未知的境界,以寻求更合理、更科学、更富有创造性的解决问题的方法。

首先,扩散思维是诸多思维方式中的一种。任何思维都是由问题引发的,而不同思维之间的重要区别之一是思维方式。其次,扩散思维的方式是多方向或多思路、多设想或多答案。它不受常规思维的束缚,能避免从众心理,表现出思维的开放性。最后,扩散思维的根源是问题,也就是说,它是以某个问题作为出发点,流向四方。扩散思维概念的提出者——美国心理学家吉尔福特认为,扩散思维是"从给予的信息中产生信息,其着重点是从同一的来源中产生各种各样的为数众多的输出。"其模式是"从一到多",有人形象地描述扩散思维像夜空中怒放的礼花,如太阳般光芒四射。

【案例三】

砖头问题

创造心理文献中有名的"砖头问题":试列举砖头的各种用途。

有人回答:造房、筑墙、造马路、压纸、垫在斜坡上汽车的轮子下防滑、打人、做书架,碎砖可以做花床、做锤子……不过十几种。

有人却按属性划分说出砖头的一些用处,其中一些思路是:

从砖块的形状出发,可以引申出建筑、垫脚、多米诺骨牌等各种用途。

从重量出发:可以想到砝码、腌菜、凶器等不同用途。

从硬度、颜色、化学性质、形状、黏度、吸水性、教具、艺术、历史文化、音乐、象征、名词、概念、价值、哲学等出发,都可以想到各种不同的用途。

思路一旦打开,各种想法就像雪崩似的涌现,可见扩散思维是没有尽头的。

【案例四】

乌鸦喝水

一只乌鸦想喝水。它看到一只瓶子里有水,但水不满,瓶口又小,脑袋也伸不进去,喝不到水它很着急。这时乌鸦看到瓶子旁边堆放着许多小石子,于是它把石子一粒一粒地叼进瓶子里,让水位慢慢升高,最后终于喝到了水。

在案例三"砖头问题"、案例四"乌鸦喝水"中,从思维的角度看,两者虽然都属

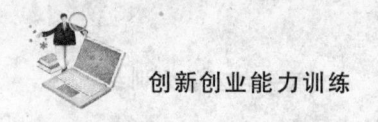

于扩散思维,但回答问题和解决问题的思维特点各有不同。

"砖头问题"回答的特点:第一,对砖头用途回答的数量不同:有五六种的、有十几种的、有上百种的……;第二,看砖头的视角不同:建筑材料、武器、工具、道具……;第三,回答的新颖程度也不同:想到砖的建筑作用显然是太常见了,而想到它的多米诺游戏牌、颜料等出发点则是非同寻常。

"乌鸦喝水"的故事中,一般的习惯性思维是怎样努力使头接近水,而聪明的乌鸦却从另一个视角——提高水位来达到目的,新的视角带来了新颖的办法——衔石升水。"乌鸦喝水"是一个拟人的故事,它的思维方式能给人以深刻的启示:面对问题,如果只是停留在一个思路上——"一条道跑到黑",解决问题的可能性就受到局限;而换个思路去想,常常会柳暗花明。

心理学家们曾经做过的一个实验也能说明这一问题:实验人员把狗和鸡关在两堵墙之间,在狗和鸡前面用铁丝网隔开放了一盆饲料。鸡一看到饲料马上直冲过去,结果左冲右突就是吃不到。而狗先是蹲在那里看了看饲料和铁丝网,又看看周围的墙,然后转身往后跑,绕过墙来到铁丝网的另一边,结果吃到了食物。

扩散思维的特征

(1)思维的流畅性。流畅性是指在单位时间内产生设想和答案的多少。如让甲乙两人在相同的时间内回答砖头的问题,甲提出的答案比乙多,那么就可以认为甲扩散思维的流畅性比乙强。

(2)思维的变通性。变通性是指在提出设想或答案方向上所表现出的灵活程度。如回答"砖头用途"的答案中,甲说出盖房子、建围墙、垒猪圈、铺路;乙说出了盖房子、压纸、做染料、打人、做锤子。甲的回答只局限在建筑材料一个方向,而乙则涉及了建筑材料、工具、武器、染料等多个方向,因此,乙思维的变通性比甲要强。

(3)思维的独特性。独特性是指提出设想或答案的新颖性程度。虽然说了砖头的许多用处,但只是停留在建筑材料方面就没有新意;如果说砖头可以当直尺、当画笔做多米诺骨牌比赛用,就会显得与众不同。

扩散思维的三个特征相互作用、相互依存。思维流畅性是产生其他两个特征的前提,变通性则是提出新颖性设想答案的关键。流畅是扩散思维的表象,变通、独特是扩散思维的灵魂。

【案例五】

1 与 1600

爱迪生在研究灯泡时,为选择什么材料的灯丝而伤透了脑筋。他先后选择了硼、钌、铬等材料做灯丝,效果都不好。后来又用碳精丝做灯丝,虽然灯丝发亮了,但马上就和空气中的氧气发生作用而烧断了。爱迪生又选用铱、白金等较难熔化的合金来做灯丝,虽然耐久些,但还是很快就烧断了。理想的灯丝在哪里呢?棉线灯丝、麻绳、椰子鬃、桧木屑、竹丝……为了寻找一种合适的东西做灯丝,爱迪生前后竟试验了1600多种材料。

【案例六】

垃圾桶的奖励

荷兰的一个城市出现了垃圾问题。这个城市一度相当干净,但由于人们不愿使用垃圾桶,结果使得垃圾遍地。

卫生部门对此极为关注,他们提出许多解决的办法,希望能使城市清洁。第一个方法是:对乱丢垃圾的处罚金额从25元提高到50元,实施后收效甚微。第二个方法是:增加街道巡逻人员的数量,然而实施成效亦不明显。后来,有人提出了这样一个问题:假如人们把垃圾丢入垃圾桶时,可以从桶里拿到钱呢?我们可以在每个垃圾桶上装上电子感应的退币机器,当人们把垃圾倒入垃圾桶时,就可以拿到10元奖金。

但是,这个方法明显难以实施,因为如果市政府采用了这个办法,那么过不了多久就会使财政拮据或发生危机。是否有其他可以鼓励大家用垃圾桶的办法呢?终于,卫生部门设计出了电动垃圾桶,桶上装有一个感应器,每当有垃圾丢进桶内,感应器就发生反应而启动录音机,播出一则故事或笑话,其内容是每两个星期换一次,这个设计大受欢迎。结果所有的人不论距离远近,都把垃圾丢进垃圾桶里,城市又恢复了清洁。

在案例五中,寻找一根灯丝竟用过1600种材料,设想过的材料是不是比1600种还要多呢?但是,如果没有这1599种材料的设想和实验,怎能知道第1600种材料在当时最合适呢?

案例六启示我们,解决问题不能满足于一种方案,有了几种方案,还要寻求最佳方案,而这一切最好的办法是获得大量的方案。如果得到一种方案后止步不前,就可能失去得到更好方案的机会。

以世界珍珠大王而闻名的日本人御木本幸吉说得好:"我和我的部下足足拿出了30000个关于人工制造珍珠的方法……但作为素材并投入生产获益的真正的方法却只有几个,那么可以认为,余下的29900多个方法均属无稽之谈。然而,正是有了那些无稽之谈,才拿得出像样的办法来。"英国物理学家和化学家法拉第曾经深刻地指出:"就是最有成就的科学家,他们得以实现的建议、希望、愿望以及

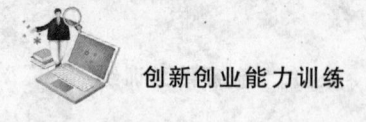

初步结论,也不到十分之一。"

古往今来,一切创新都是从扩散思维开始的。如果人云亦云,就不可能有创新思维,乃至创新成果。因此,有人认为扩散思维是创新思维的核心。

扩散思维的作用

(1)提供比较设想的条件。扩散思维的第一个特征是多设想,而多设想才能比较,才能看清某个设想的优点和缺点。哲学家查提尔曾指出:"当你只有一个主意时,这个主意就太危险了。"

(2)提高设想的质量。由于扩散思维要求多,因而思考的范围会越来越大,估计的情况会越来越多,这必然是有利于提高设想的质量。

(3)诱发设想链式反应。扩散思维不断地提出一个又一个新设想,那些先提出的种种设想对后来的设想的产生起到刺激诱发的作用,能引起一种"链式反应"。

(4)激发潜思维。在不断思考和提出众多新设想的过程中,人的头脑中的潜思维会被激发和调动起来,积极配合显思维进行思考,从而产生灵感、直觉、想象、联想等创新思维不可缺少的思维活动。

所谓潜思维是指思考者自己意识不到、不能直接加以控制,但能独立进行信息加工的思维活动。

人的显思维思考某个复杂问题时,尽管思考前并不知道潜思维的存在,也没有给它下达过指令,但它会主动地配合显思维思考,积极配合信息检查与加工。如,思考问题时停一停再想,写文章时放一放再写,学唱某首歌时歇一歇再练,为什么常常会比"一鼓作气"效果好呢?其中就有潜思维的功劳。

扩散思维的形式

扩散思维面对的是问题,而任何事物的问题都包含多种属性,根据事物的属性,我们主要从结构、材料、功能、方法、因果等几个方面介绍扩散思维的形式。

结构扩散就是以某个事物的结构为扩散点,设想出该结构的各种可能性的思维活动。

【案例七】

划分土地

有一块正方形的土地,用两条直线将它分成大小、形状完全相同的四块。图1画出的只是其中的一例,请问除此之外还有其他分法吗?

上篇　创新能力训练

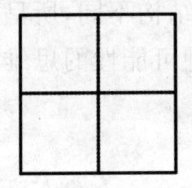

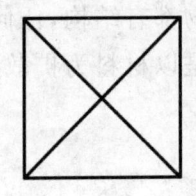

图1　　　　　　　　图2

当然还有别的分法,但一般人首先想到的一定是正方形的对角线。那么,看看图2的分法,你会发现四块土地依然是大小、形状完全相同的。图3的分法与对角线分法相比较,有何共同之处呢?首先,两条直线垂直相交;其次,焦点在同一位置,即正方形的中心。

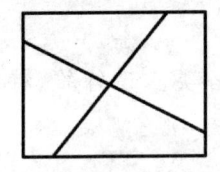

图3

现在请你试一试以正方形的中心为旋转中心,旋转两条垂直的直线,在旋转过程的任一位置停留都可以把正方形分成完全相同的4个图形,而图3画出的只是其中一例。

【案例八】

文字顺序的变化

联合国儿童公约:

一切为了孩子

为了孩子的一切

为了一切孩子

世界卫生组织的口号:

给生命以时间(自然生命的延长)

给时间以生命(精神生命的充实)

案例七"划分土地"中我们可以看出,原来我们绞尽脑汁地认为有限的几种分法,都只是偶然的几个特例,一旦运用扩散性思维,便可以让我们进入无穷的境界。

案例八中"文字顺序的变化"让我们看到:文字结构的发散,带来了句子内涵

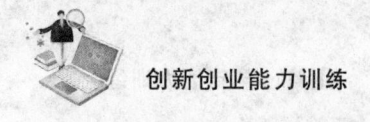

的变化。任何事物都有结构,任何结构都可发散;结构不同,所呈现的结果不同。

材料扩散就是以材料为扩散点,设想它们多种可能性的思维活动。

【案例九】

何以为衣

远古时代,人们穿着十分简陋。有人把一片片树叶串联起来披在身上,有人把剥下来的兽皮晾干后往身上一裹,就算是衣服了。

后来,人们发现麻类植物外面的皮层可以剥下来撕成一条条,经过手工加工成麻线,再编织成一块块麻布,然后做成衣服,穿在身上比穿树叶或披兽皮要舒适得多。穿着麻布制作的衣服,虽然轻便、秀气、耐穿,可是毕竟很粗糙,穿在身上不柔软。于是,人们又开始寻找新的衣着原料。后来发现了蚕丝,并用来织制丝绸衣物。

今天,制衣的材料已发展到各类人造纤维、特殊用纸等等。

【案例十】

何以为镜

最原始的镜子,自然要算水面了。中国有一句俗语"水平如镜",说的是清澈的水域,没有风吹动时,水面平坦如镜。

后来,我们的祖先开始使用青铜镜。人们先将青铜铸成一面圆盘,然后再经打磨,把它磨得又平整又光洁,可照出人影来。唐太宗李世民有句名言:"人以铜为镜,可以正衣冠;以古为镜,可以知兴替;以人为镜,可以明是非。"这里所说的"以铜为镜",指的便是青铜镜。

现在,人们使用的镜子早已是平整、明亮又不会生锈的玻璃镜了。

以上两例可见,从古至今,制衣、做镜材料的发展过程就是材料扩散思维的过程,它们的共同特点都是为某物寻求更好的材料而不断地发现新的答案。前面提到的爱迪生为电灯寻找灯丝而试验过1600种材料也属于这类材料发散。

还有一种材料扩散,它是以某个物品作为"材料",并以此为扩散点,设想它的多种用途。如前面举的例子,"曲别针"、"砖头"作为材料,可以有哪些用途。

功能扩散是指以某种功能为发散点,设想获取该功能的各种可能性的思维活动。

【案例十一】

化冰通航

1930年末,"高斯号"探险船来到了南极。这时正好下了一场特大的暴风雪,

气温下降到 $-50℃$ 至 $-60℃$,船被冻结在一望无际的冰原上,无法挪动一步。船员们先是用铁锤、锯子去砸冰、锯冰,后来又用炸药去炸冰,但都无法开出一条通道来。

这时一个船员向船长建议,把黑炭、煤屑、垃圾撒到船周围的冰上,让它们吸收阳光而把冰化掉。船长觉得有道理,就发动全体船员把所有的黑炭、煤屑、垃圾都运到冰上,足足铺了2000米长,一直延伸到只结了一层薄冰的海面上。南极从9月开始就没有黑夜了,太阳始终悬挂在天空。这2000米的冰带吸收了太阳的热量后逐渐地化掉,"高斯号"终于脱了险。

【案例十二】

清除的功能

课堂上,老师要求学生用功能扩散尽可能多地列举出清除某样东西的物品,并说明它清除的是什么东西。同学们热情踊跃,答案五花八门。最后,老师和学生进行了归纳,主要有以下几个方面:

(1)用来去除某样东西的产品和设备:橡皮擦除书写错误;锄头除草;车运走泥土等。

(2)家用电器:吸尘器吸走地板上的灰尘;洗碗机清洗碗碟等。

(3)清洁剂:玻璃清洁剂清除玻璃上的污垢;百洁布擦洗锅上的油污、除去汽车上的脏物等。

(4)服务行业:清洁工清除垃圾;房屋看管人清除草坪上的野草等。

(5)突发事件促使生物死亡或离去:毒药毒死了池塘里的鱼;核泄漏使人们从该地区搬迁等。

(6)自然事件:冬天赶走了夏天的炎热;猴子摘掉树上的香蕉等。

(7)人们做非法的事情:小偷窃取别人的钱包;嗜药成瘾的人失去自由等。

(8)涉及物体运动的人类活动:农民从牛棚里清除粪便;儿童从玩具店买玩具等。

(9)涉及使某人或某物从一个地方转移到另一个地方的职业:警察把小偷从街上带走;救护车和医务人员把受伤者从交通事故现场救走。

(10)社会生活:理解和原谅赶走了嫉妒;真诚的爱驱走了痛苦的恨。

案例十一中,"化冰通航"关系到船员们的生死存亡,但是,在当时的条件下什么具有化冰的功能呢?船员们想到了铁锤砸冰、锯子锯冰、炸药炸冰,最后想到了黑炭、煤屑、垃圾在不燃烧的情况下也具有化冰的功能——吸热化冰。

案例十二中,"什么具有清除功能"的回答中有些是我们想不到的、忽略的,但

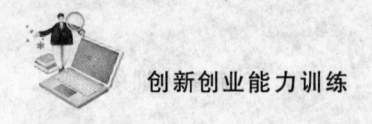

却是认同的、佩服的,这些回答显然也是功能扩散。

方法扩散就是以人们解决某种问题的方法为扩散点,设想出各种可能性方法的思维活动。

【案例十三】

智沉敌轮

二战期间,一艘满载军用物品的货轮,秘密地从日本某港口出发,经上海、福州、广州,再经马六甲海峡,准备驶向泰国,最后到达缅甸,支援那里的日军。

这艘船装的主要是从我国东三省掠取的大豆。我方抗日人员得知此事后,指示我特工队伺机将此船炸沉,从而不让该船出海。特工队开会商量炸沉该船的各种方法:用炸药、用炸弹、请求盟军飞机的支援空投炸弹、派特遣小分队在马六甲海峡停泊时狙击炸沉、通知缅甸战区的抗日部队将此船在上岸前击沉……最后有位同志向大家提议:"我们的目的是让轮船沉下去,而不一定非炸不可。我们能不能摆脱'炸'再想想办法呢?"这句话产生的作用非同小可。

我方抗日特工队想出的办法是围绕"豆"字做文章。他们偷偷地向日军装满大豆的货舱内大量注水。一粒干大豆被水浸泡后,它的体积会膨胀3倍。货轮在大海航行中,舱内的大豆不断膨胀,最终造成货舱的爆裂,日军货轮沉没于汪洋大海之中。这个方法"不用一兵一卒,不动一枪一弹"地达到了沉船的目的。

在案例十三中,击沉、炸沉敌轮的方法很多,我方抗日人员在众多的方法中采用了大豆浸泡膨胀法巧妙沉船,用水作武器达到了自己的目的。

因果扩散是以事物发展的因或果为发散点,设想出由因及果或由果及因可能性的思维活动。

【案例十四】

没有老鼠的设想

课堂上老师让学生就"如果世界上没有老鼠,结果会怎样"的问题进行发散思维,学生讨论热烈:

可以减少粮食损失

动物界将会少一种动物

光靠捕鼠生活的猫可能会饿死

儿童不认识童话中的老鼠

不需要捕鼠器和老鼠药

衣服不会被老鼠咬坏

不会发生鼠疫

婴儿不会被老鼠咬伤

人们晚上睡觉会安宁些

……

案例十四是根据某一事物或现象来设想它可能产生的结果。从一定意义上看,每一个事物或现象都是一串因果链条,如果我们不是停留在某一段,而是沿着某一根因果链条追寻下去,就会有新的发现。而这个追寻的过程就是因果扩散的过程。

综合训练

一、训练方法及步骤

1. 以结构、材料、功能、方法、因果等几个方面为发散点进行扩散思维训练。

2. 把思维结果写下来。

3. 可反复多次进行训练。

二、训练注意事项

1. 通过强制的方式,采取某种不合常规的方法,强制自己的头脑转换思考方向,可以强化扩散思维。

2. 只追求发散的数量,不管它有没有价值。

3. 写下任何一个念头,不急于判断可行性。

4. 以游戏的心态去做。

5. 转换各种角度,多面出击。

6. 想出一些奇妙的假设。

三、自我训练

1. 举例说明什么是扩散思维。

2. 联系自己的切身体会,谈谈扩散思维的作用。

3. 请举例说明扩散思维的各种形式。

(1) 结构扩散:①画出包含三角形结构的东西,并写出或说出其名称。②写出或说出"立方体"结构的东西。③写出或说出像"书"结构的东西。

(2) 材料扩散:①写出或说出旧牙膏皮的各种用途。②写出或说出玻璃瓶的各种用途。③写出或说出幻灯机的各种用途。

(3) 功能扩散:①自行车防盗的办法有哪些?②怎样高效地利用太阳能?③怎样使脏衣服去污?

(4)方法扩散:①用"翻"的方法可以做成哪些事?②用"踩"的方法可以做成哪些事?③用"爆炸"的方法可以做成哪些事?

(5)因果扩散:①学生负担沉重的原因有哪些?②一名小学生放学后没回家,原因可能有哪些?③如果人不需要睡眠,可能会发生什么结果?

4.测评一下自己的扩散思维能力。下面一组试题将使你从扩散思维的流畅性、变通性和独特性三个层次对自己的情况有较为清楚的认识。

(1)请你写出你能想到的所有带"土"结构的字,写得越多越好。

(2)请列举包含"三角形"的各种物品,写得越多越好。

(3)给你三条直线、一个任意三角形,请你同时使用这些简单的图形和线条,组成各种有意义的图案,越多越好。

(4)你能想出多少种普通玻璃的用途?请写下你所想到的,越多越好。

(5)准备好一张200字的稿纸,根据以下故事情节,用简短的语言(百字之内)写出各种可能的故事结尾,越多越好。

古时候,有兄弟三个。大哥、二哥好吃懒做,三弟勤劳聪明。三人长大后各自成了家。一天兄弟三人在一起喝酒,大哥、二哥提议:"从现在起,我们三人说话,彼此不准怀疑,否则罚米一斗。"大哥说:"你们总说我好吃懒做,现在家中那只母鸡一报晓,我就起床了……"三弟直摇头:"哪有母鸡报晓之理?"大哥嘿嘿一笑说:"好!你不信我说的话,罚米一斗。"二哥接下去说:"我没有大哥这么勤快,所以家里穷得老鼠撵着猫吱吱叫……"三弟又连连摇头,二哥得意地说:"你不信,也罚米一斗。"后来……

第二节　收敛思维

【案例一】

世界战争史上的奇迹

在第二次世界大战期间,盟军从海上对日军发动进攻,首先进攻的是琉球群岛。盟军在逐个攻占岛屿的时候,遇到了很大的困难,日本人在海滩附近建造的地堡给登陆的盟军部队造成了很大的伤亡。这些紧密排列的地堡形成了强大的交叉火力,使登陆部队完全处于被动挨打的状态,不能前进一步。为了减少损失,盟军指挥部命令在部队登陆之前,先用猛烈的炮火对海滩附近的地堡进行打击。但这样做收效甚微,因为琉球群岛的绝大多数岛屿都是由火山岩构成的,日本人花了十多年的时间在熔岩下建立起来的地堡相当坚固,即使地堡表面有一些损坏,也不会被完全击毁。这样盟军登陆时仍会有很大伤亡。

盟军指挥部仔细分析了形势之后认为:地形是敌人的最大优势。密集分布的地堡、交叉的火力,对登陆部队造成严重的威胁。地势平坦,使登陆部队完全暴露在敌人的交叉火力之下,这也是敌方的优势。而盟军的重武器对坚硬的熔岩却无能为力。能不能将敌人地堡的密集、地势平坦的优势转化为劣势,成了能否取得这场战争胜利的关键所在。于是盟军制造了许多克敌制胜的战斗方案,经过评审,盟军司令官最后敲定了一个方案。这个方案实施后,盟军没有花费什么弹药,也没有多少人员伤亡,就把日军的地堡变成了坟墓。

【案例二】

怎样带20个鸡蛋

一位篮球运动员,有一天只穿了一条运动短裤,戴了一块手表,在球场上练习投篮。过了一会儿,有个人来给他送了20个鸡蛋,这个人把鸡蛋放在球场边的地上就走了。此时,球场边上没有任何可以用来装鸡蛋的东西,也找不到可以帮忙的人,实在让这位运动员感到为难。可是,他想了一会儿,还是想出了办法。

案例一是世界战争史上的奇迹,盟军不用枪弹而把数百个日军地堡变成了坟墓。为什么会这样?请好好思考一下。

盟军司令官最后敲定的战斗方案是:用水泥混凝土将地堡的出口封死。为了完成这个任务,专门将数十辆普通坦克改装成能推混凝土的坦克。这样,盟军在几乎没有使用弹药的情况下,只用了几百吨水泥就将日军的数百个地堡口封死,使其成了坟墓。

盟军指挥部是如何设计出这个方案呢?指挥部军官们在讨论敌我双方优势时,想到地势平坦是使盟军暴露在敌人火力之下从而造成重大伤亡的原因,但同时又是盟军部队迅速靠近地堡的有利条件。另一个有利条件是地堡空间小,不可能有重武器,所以不能对坦克等装甲部队造成威胁。在比较多种方案后,他们想到的办法是:将拌好的混凝土用坦克式推土机推到地堡口,把地堡洞口堵死。为了解决一般的推土机容易被地堡的火力所毁坏的问题,盟军指挥部将一批重型坦克改制成坦克推土机。当坦克推土机将大量混凝土推到敌人的地堡面前时,地堡里的敌军因为没有对付坦克的重武器,只能眼睁睁地看着一堆堆水泥挤压到地堡的洞口,活活地被闷死。这样,盟军几乎没有费什么力,就将岛上敌军大部闷死,演绎出了世界战争史上的奇迹。

盟军指挥官们在分析战场上敌我双方形势后,从众多的攻击敌军方案中选择了一个代价最小的克敌制胜的方案。

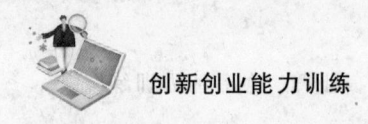

案例二中,这个篮球运动员会想许多办法,他最终选择的方案是充分利用已有的条件,来达到自己的目的。他能利用的是挂在手表带上的两个挂针和篮球,用挂针把篮球的气放掉,并且把篮球弄成盆状,然后把鸡蛋装在里面,从而成功地把 20 个鸡蛋拿走。

上述两个例子中思考问题的方法,在思维科学上称为收敛思维。

收敛思维又称为聚合思维、聚集思维、集中思维、求同思维、综合思维等。收敛思维是指以某个问题为中心,运用多种方法、知识或手段,从不同方向或不同的角度,将思维指向中心点,经过比较、分析后,找到一个最合理的解决问题的方案的一种思维方法。这种思维方法如下图所示。

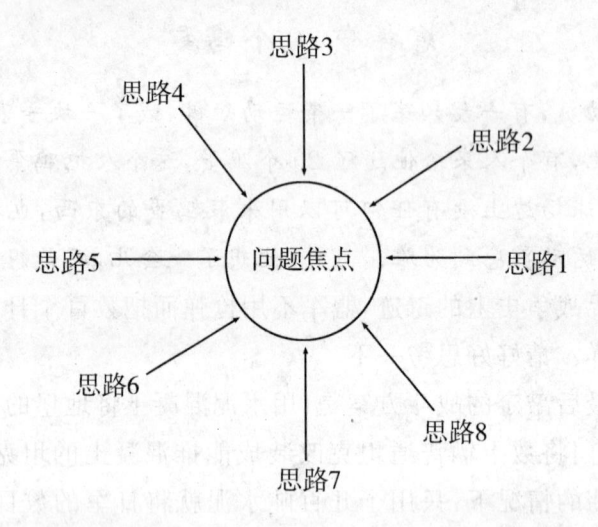

【案例三】

林肯智擒伪证人

亚伯拉罕·林肯是美国的第 16 任总统,他在就任总统前,曾经当过律师,并接手了著名的阿姆斯特朗案件。

阿姆斯特朗是林肯一位已故好友的儿子,为人正直善良,但却被诬陷为谋财害命的罪犯。全案的关键在于原告方的证人福尔逊,他在法庭上发誓说:10 月 18 日晚,他在草堆后面,在明亮的月光下,清清楚楚地看见阿姆斯特朗躲在大树后面向被害人开枪射击,导致被害者死亡。

林肯坚信阿姆斯特朗是无辜的。他在查阅了有关案卷后,又考察了被害者遇难现场,然后以被告律师的身份要求法庭开庭复审。在法庭上,林肯问福尔逊:"你说在草堆后面看见阿姆斯特朗,可是从草堆到大树有二三十米呢,你不会看错吗?"福尔逊毫不犹豫地回答:"不会错,因为月光很亮。"林肯又问:"你能肯定不是从衣着方面确定的吗?"福尔逊说:"肯定不是。当时,月光正照在他的脸上,我清清楚楚地认出了他的那张脸。"

林肯追问道:"你能肯定时间是在晚上十一点钟吗?"

福尔逊耸耸双肩,答道:"毫无疑问。因为我马上回屋看了看表,那时正是十一点一刻。"

林肯最后问道:"你能担保你说的全是事实吗?"

"我可以发誓!"福尔逊面对林肯和众多听众,神情有些激动,"我说的全是事实!"

林肯向四周看了看,然后以不容置疑的口气,郑重地宣布:"尊敬的陪审官、女士们、先生们,我不能不向大家宣布一个事实:这位福尔逊先生是一个地地道道的大骗子!伪证人!"

法庭内顿时骚乱起来。

"肃静!肃静!"法官威严地大喝道。

原告气愤地质问林肯:"请律师先生回答,你有什么证据指责我的证人是骗子,是伪证人?"

林肯微微一笑,不慌不忙地说:"你的证人口口声声地说他在明亮的月光下看到了阿姆斯特朗的脸。可是,请不要忘记,10月18日那天是上弦月,在十一点的时候,月亮已经下山了,福尔逊先生是如何看到明亮的月光和阿姆斯特朗的脸的呢?退一步说,即使福尔逊把时间记错了,月亮还没有下山,可是月亮是在西方,是从西照射向东的,而大树在西面,草堆在东面。被告阿姆斯特朗如果真的是在大树后面,面向草堆,那么他的脸上是不可能有月光的,福尔逊先生怎么可能看到月光照在被告的脸上并认出被告呢?"

法庭内发出一片哄笑声。听众、陪审官员以及法官都为林肯无懈可击的分析而折服。

证人福尔逊狼狈不堪,他只好供认自己是被人收买来诬陷被告的。阿姆斯特朗被当庭宣布无罪释放。

【案例四】

焚猪验尸

三国时期,县令张举接手办理了一桩谋杀亲夫的案件。被告是一位三十多岁的妇人,很有几分姿色,原告是死者的亲哥哥。

原告指着号啕大哭的女人向张县令申斥道:"昨晚她回了娘家,半夜,我弟弟

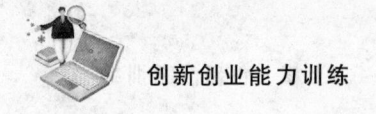

家起火,待我赶到救火时,房屋已经烧塌,弟弟也被烧死。我弟弟为人懦弱,这个女人平日就行为不轨,定是她与奸夫合谋害了我弟弟,请大人明察。"

被告连呼:"冤枉!冤枉!我昨夜在娘家,哪知家中竟遭如此不幸,如今,我也不想活了!"说着,一头向附近的柱子撞去,幸而被差役们拉住,才免于头破血流。

张县令吩咐到现场察看,并检验了死者的尸体,没有发现任何可疑之处。他又亲自掰开死者的嘴看了看,面对灰烬飞旋、余烟缕缕的残墙断壁,心中顿有所悟。

然后,张县令下令:"捉两头猪来!"

不一会儿,两头活猪被捆绑着送到张县令面前。张县令命令点起两大堆火,将一头猪杀死,扔到火上烧烤,而将另一头猪活活在火上烧烤至死。

一番工夫后,火熄,猪死。张县命令道:"掰开猪嘴,看嘴内可有什么?"差役们照办后回报:"杀死后放在火上烧烤的猪,嘴里清清白白;活活烧死的猪,嘴里全是灰烬。"

张县令转头对被告说:"你丈夫的嘴里是清清白白的,一点灰烬也没有,这是为什么?"

那妇人顿时如同烂泥一样瘫在地上,一五一十地招认了与奸夫合谋杀害亲夫、然后纵火烧屋的经过。

案例三中,林肯凭借知识和智慧,把月光、位置、距离、月光照射方向——列举出来,把"月光下杀人"的可能与不可能程序化、步骤化,然后进行严密的逻辑推理、分析和判断,去伪存真,以不可争辩的事实揭穿了福尔逊是不折不扣的伪证人,证实了阿姆斯特朗是清白无辜的受害人。林肯所运用的收敛思维最显著的特点就是它的严密性和无懈可击的程序性。

案例四告诉我们,当我们碰到难题而一时无法解决时,不必对着难题硬碰硬地苦思冥想、固守不放,可以寻找一个合适的参照物。活着的人被火烧死和把已经被害死的人再焚尸灭迹的结果是不是一样?当然不能用人去试验,而是选用一头被杀死的猪和另一头活猪来进行对比。两者相比,从中找到相同处,就破解了杀夫一案的真相。焚猪验尸一案的破解突出了收敛思维的比较性。

综合上述例子,由收敛思维的过程可以看出,它首先要把问题聚焦,集中到指向解决问题的目标上;而在思维过程中又是有步骤、有程序的;同时它要对解决问题的各个要素进行分析、比较、排除和选择,因此又具有系统性、比较性;通过许许多多零星的、分散的或者是局部的、表面的信息内容,进行去粗取精、去伪存真、由此及彼、由表及里的收敛、概括、总结,发现或获得有利于认识的准确定位和问题的妥善解决的合情合理的结论或概念,所以必然具有深刻性和合理性。

至此我们可以归纳出收敛思维有以下六个特征：聚焦性、程序性、系统性、比较性、深刻性、合理性。收敛思维的这些特性，表现到每一个具体事件的发展过程中并非是每一件事情只显示一种特征，而是会表达出多种特征。如上述每个例子中都包含着聚焦性、程序性和合理性等，有的还呈现出比较性、系统性、深刻性和聚焦性、合理性共存的情况。收敛思维的核心是解决问题，选择好的切入点和好的方法，便能够很好地解决问题。

综合训练

一、训练方法与步骤

(1)在答题中判断哪些是价值大的问题、正确的东西，以及关键性带有本质性的因素，这需要我们有较强的判断力。

(2)要防止只见树木不见森林，或只见森林不见树木，或只见树木不见树叶。

(3)要开阔视野，能独特新颖地创造性解决问题。

二、收敛思维训练的注意事项

(1)锁定问题，使问题获解，要通过发散思维找到钥匙或触发灵感的东西。

(2)把握好收敛思维的恰当时机。

(3)掌握好收敛思维的度。在扩散思维的基础上，通过综合性分析、判断，宽严适度地进行取舍。

(4)善于积累和运用知识和经验。

(5)掌握逻辑思维方法。

三、收敛思维自我训练

1.以下各词，哪一个与众不同？请圈出来。

　　房屋　　冰屋　　平房　　办公室　　茅舍

2.请填上缺去的数字。

　　7　　10　　9　　12　　11　　____

3.以下各词，哪一个与众不同？请圈出来。

　　沙丁鱼　　鲸鱼　　鳕鱼　　鲨鱼　　鳗鱼

4.以下哪个城市不在欧洲？请圈出来。

　　罗马　　威尼斯　　阿姆斯特丹　　布宜艾诺艾利斯　　哥本哈根

5.请填上缺去的字，使前后均成有意义的成语。

　　力不从____满意____不出____

6. 下面6幅图,哪幅适合放进图中的空位内?

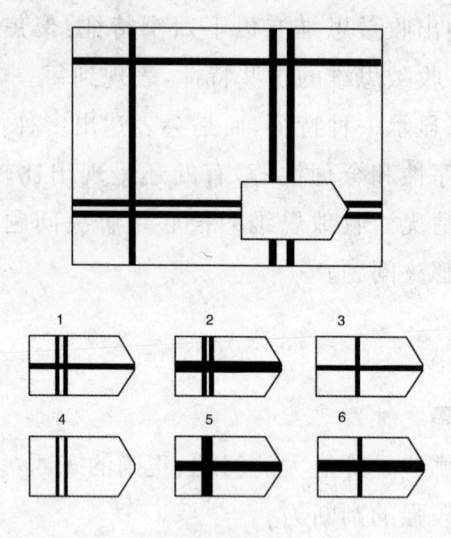

7. 下面6幅图,哪幅适合放进图中的空位内?

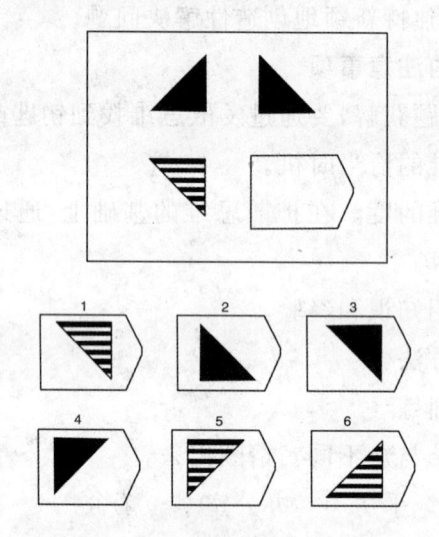

8. 填写图中缺失的数字。

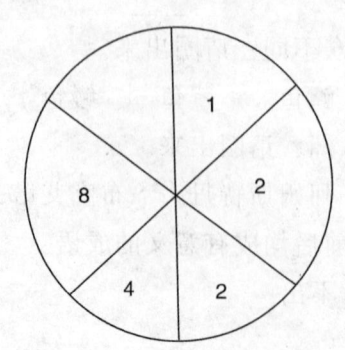

9. 将图中与众不同的一个圈出来。

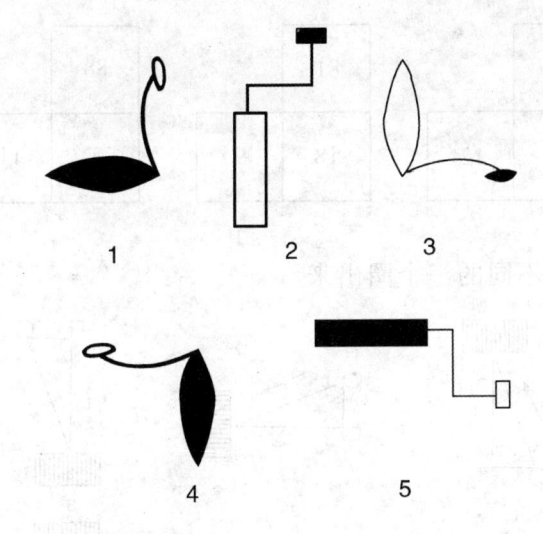

1　　2　　3

4　　　5

10. 在空格中填入合适的数字。

16	15	17	14	
32	33	31	34	

11. 下面 8 幅图,哪幅适合放进图中的空位内?

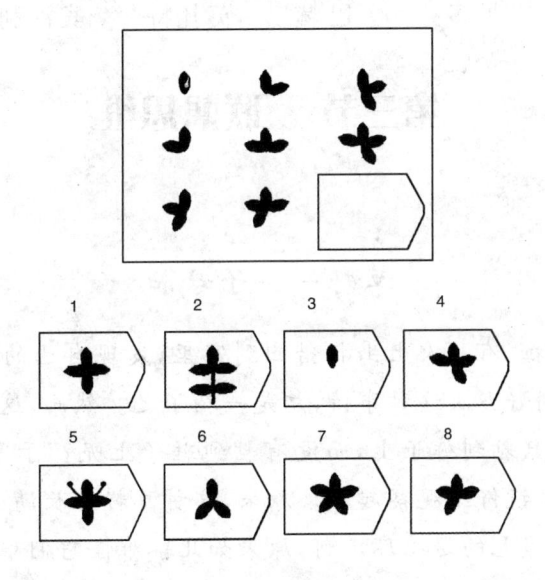

12. 以下哪一个不是著名科学家?请圈出来。

爱因斯坦　　居里夫人　　杨振宁博士　　汤川秀树　　莎士比亚

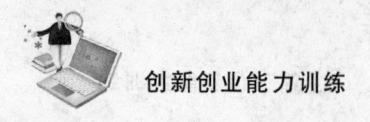

13. 在空格内填入数字。

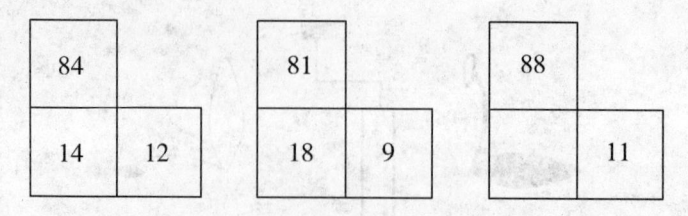

84		81		88	
14	12	18	9		11

14. 将图中与众不同的一个圈出来。

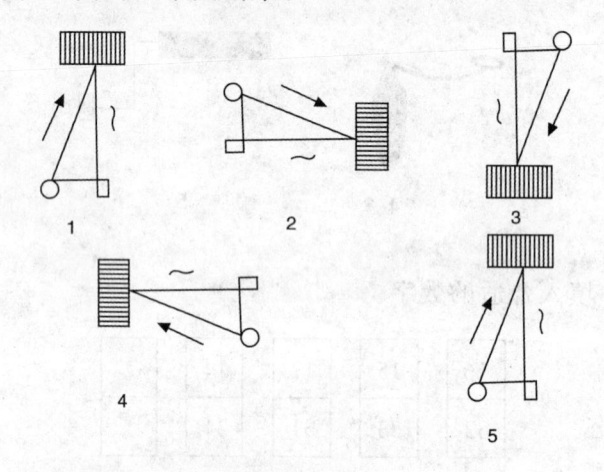

15. 以下哪一个不是著名的音乐家？请圈出来。

富兰克林　　　贝多芬　　　巴赫　　　莫扎特　　　宾沙利亚

第三节　联想思维

【案例一】

草籽——子母扣

瑞士人美斯托拉,有一次上山打猎回到家里,发现自己的裤子上粘了很多草籽。过去,他也碰到好多次这种事情,总是一拍了之。然而,这次他却自言自语地说:"这草籽为什么只粘到裤子上,而没有粘到鞋子上呢?"于是,美斯托拉在好奇心驱使下,拿出放大镜仔细观察起来。原来,这种草籽上长满了像钩一样的刺,而他穿的裤子上又有绒毛的纺织环,"啊,原来如此!难怪它们难分难解呀。"

美斯托拉灵光一闪:"能不能人工造出一边是钩形刺,另一边是纺织环的东西呢?"他马上动手做了起来并成功完成,果然,两条带子牢固地粘在一起。不久,这种被称为"魔术带"的新鲜玩意儿很快被人们接受,慢慢地就演变成今天人们常见的尼龙子母扣。

【案例二】

裙下摆——救生圈——充气雨衣

有位小学生放学回家时遇上倾盆大雨,他虽然身穿雨衣,但是雨衣贴着裤腿,雨水顺着雨衣灌满了两只雨鞋。"有没有办法让雨衣不贴身呢?"这个问题一直在他脑海中盘旋。

有一次,他和父母一同去观看文艺演出,舞台上的演员在跳舞旋转时,长裙的下摆像伞一样徐徐张开。他的脑海中立刻闪现出了可以使雨衣不贴裤腿的灵感,"对,如果雨衣也能像裙子那样张开,问题不就解决了吗?可是走路又不能旋转,这怎么办?"回到家里,他眼前还是旋转着的长裙,目光却落到了一个塑料救生圈上,灵感又一次帮助他解决了难题:将雨衣下摆做成一个救生圈,穿的时候吹足气,不就不贴在身上了吗?"充气雨衣"诞生了,他因此获得了第一届全国青少年科学创造发明比赛一等奖。

什么是联想思维

由一个事物联想到了另一事物,这种心理活动每个人都曾有过,但这种联想属于记忆联想。由于过去这类事物及它的对应关系曾被我们感知过,一旦再遇到时,头脑会自动搜索过去已确定的关系,从而恢复与它的记忆联系。如看到母校,会想起班主任;看到过去的同学,会想起与他的往事……

以上两个案例中的联想则与记忆联想不同:由带钩草籽想到子母扣、由张开的长裙下摆想到不贴身雨衣,它们都是由眼前感知的事物想到了一个现实中还没有的新事物。这一过程不是曾有经历的简单重现,而是通过分析、综合、比较、抽象、概括等一系列思维活动,发现了一个事物的关键或两种不同事物的共同属性,从而产生出新的信息的过程,虽然这一思维过程简洁,甚至是压缩的。它们就是联想思维。

联想思维是由此及彼,并同时发现它们共同的或类似的规律的思维方式。

首先,"此"与"彼"的含义有相同,又有不同。相同点:"此"与"彼"都是泛指,可以是事物、现象、表象、概念。不同点:在联想思维中,"此"是指感知或感知过的事物等;"彼"是指新的,或者说自己从没感知过,甚至客观世界中还没有的事物、判断、设想等。例如,在我们前面举的事例中的"此"是"带钩的草籽"、"长裙下摆","彼"则是"子母扣"、"充气雨衣"。

其次,联想思维把"此"与"彼"之间联系起来,是因为它看到了两者之间共同的或相似的规律,这是一个思维的结果。

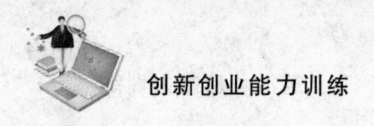

因此,我们说联想思维应该是既有联想特点又有思维属性的思维方式。

【案例三】

猫——敌军司令部

在二战期间,苏军与德军对垒,两军都挖了壕沟。有一天,在两军阵地相邻的地方,一位正在值勤的苏军战士突然发现德军阵地上有一只猫出没。这位战士揣度:能养猫者必定是德军的高级将领,那个地方有可能就是德军指挥部所在地。于是,他把这个情况向上级作了汇报。然后又继续观察了两天,发现猫还是经常出现。后来苏军调用炮兵集中轰击了猫出没的地方……

战役结束后得到的情况证实,那个被彻底摧毁的地方果然是德军的一个司令部。群龙无首,敌军焉能不败!

【案例四】

马驿站——信号中继站

莫尔斯为如何制造出强大的足以越过大洋的电报信号一筹莫展。有一天,他看到拉车的马匹在驿站被换下来,联想到电报信号的中继站,即每隔一段距离把电报信号放大,使问题得到解决。

案例三中的战士由猫想到了高级将领,又由高级将领想到了司令部。为什么战士没有由猫想到狗、狼等?案例四中,莫尔斯由马车驿站想到了电报信号中继站,为什么没有想到马喝水、吃草、休息或其他事?因为他们的联想是当前所要解决问题的诱因,也就是说他们是根据面临问题的需要而进行的思维联想。

不论是由猫——敌军司令部,还是由马车驿站——电报信号中继站,他们都是在形象之间建立联系,通过形象去认识规律,有人称这种联想为形象联想思维。它有时也可由某一概念而想到另一事物的形象,但绝不是从一个概念、判断、推理到另一个概念、判断、推理,否则就不是形象联想思维,而是抽象联想思维了。

联想思维具有如下特征:

(1) 目的性和方向性。这是指联想思维是从一定的思考对象出发,有目的、有方向地想到其他事物,以扩大或加强对思考对象某方面本质和规律的认识或解决某一问题。在这一过程中那些与思考对象无关的联想会被抑制下去,而其他联想,如记忆联想则没有明确的目的和方向,不受任何束缚,只是由某一事物或情景引起。如看到黑暗,就会想到光明;看到飞翔的小鸟,就会想到快乐自由;看到枝头绿,就会想到春天到。因此,联想思维是反映事物某方面本质的理性认识活动,是后天培养训练发展起来的;而记忆联想是反映事物现象的感性认识活动,是人的天赋能力。

（2）形象性和概括性。联想思维基本的操作单元是表象，是一幅幅画，它是从整体上把握表象画面，而不是顾及细节如何地操作思维活动。如由带钩的草籽想到子母扣；由裙子下摆想到不贴身的雨衣；由蜡烛想到奉献。这里每一组联想、每一幅画面都不是某个具体的形象，而仅仅是带有事物一般特征的形象，即具有一定概括的特性。

【案例五】

怎样使薄膜在冬天摸起来不冷

日本有个叫高井卯吉的文科大学生，开了一家制造乙烯树脂薄膜的小公司。这种薄膜在气候寒冷时摸起来会让人感到很冷，因而冬天的销量很差。

他想用在薄膜上加一层绒毛的办法来解决这个问题，但是，公司里的5位技术员的回答是：凡是能想到的办法都试过，行不通。高井卯吉对此不死心。他想，如果在薄膜上植绒毛办不到的话，使薄膜的表面带有小刺而不是光滑的，不也同样可以使它在冬天摸起来不冷吗？怎样才能做到使薄膜的表面带有小刺呢？

有一天，他联想到了人们脚上穿的胶鞋。胶鞋的鞋底一般都有突出来的小块或小刺，那是由先做出鞋底的模子制成的。要使薄膜带小刺是否也可以用这个办法呢？他决定试验一下。他先在一块木板上钻了许多小孔，然后再把经过加热融化的乙烯树脂倒上去，这样制成的乙烯树脂薄膜冷却以后，表面就带有了许多小刺，冬天摸起来果然也就不再感到很冷了。日本政府的科技厅为此授予他日本创造发明的最高奖——紫绶奖章，美国一家公司用10万美元购买了他的这一专利。后来，还由此带来了一系列的其他相关发明，比如，现在常见的铺在汽车里的带有许多小块或小刺的乙烯树脂板就是其中之一。

【案例六】

蜘蛛网——吊桥

自古以来，人类架桥就是靠修筑桥墩来实现的，当遇到水深难以打桩架桥时怎么办？发明家布伦特看到蜘蛛吊丝做网，联想到造桥，顿时恍然大悟，从而发明了吊桥。

怎样使薄膜上有小刺？怎样才能解决水深架桥无法打桩的问题？我们现在看这个问题，就像哥伦布把鸡蛋立在桌子上的问题，觉得很平常，但是别人没想到而他能想到，前人解决不了的问题但他们解决了，这谈何容易？正是把"鞋底模子"与"薄膜带小刺"、"蜘蛛网"与"吊桥"这些看上去互不相关的事物联系起来，才

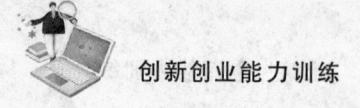

创造了奇迹。正如《科学研究的艺术》一书的作者英国生理学家贝弗里奇在书中所说:"独创性常常在于发现两个或两个以上对象或设想之间的联系或相似点,而原来以为这些对象或设想彼此没有联系。"从这一点上说,联想成就了创新。

联想的作用是使两个看上去互不相关的事物建立联系,从而产生创新设想和成果。

联想思维的形式之一——相似联想。相似联想就是由某一事物或现象想到与它相似的其他事物或现象,进而产生某种新设想。这种相似,可以是事物的形状、结构、功能、性质等某一方面或某几个方面的相似。

【案例七】

"屎壳郎"与"耕作机"

四川省汶川县白岩村的农村青年姚岩松意外地发现,"屎壳郎"能滚动一团比它自身重几十倍的泥土,却拉不动一块轻得多的泥土。

姚岩松对此非常好奇,又找了好几只"屎壳郎"来做同样的试验,情况都一样。由此姚岩松悟出一个道理:拉动比滚动要更费劲儿,能够滚得动的东西可能会拉不动。

姚岩松曾开过几年拖拉机,他联想到:能不能学一学"屎壳郎"滚动土块的方法,将拖拉机的犁放在耕作机机身动力的前面,而把拖拉机的动力犁放在后面呢?

3个月后,姚岩松耗费数千元制作的耕作机开进了地里,但它却不听使唤。寝食不安的姚岩松有一天在岷江河畔被一台推土机所吸引,他发现推土机主要是由于机下有履带,所以稳定性强、着地爬动力好。这时他又联想到:耕作机也同推土机一样,需要稳定性强、着地爬动力好,那不也可以装上履带吗?

后来又经过数百次改进、试验,他终于成功地拿出了第十台"屎壳郎耕作机"的样机。他的成果获得了来自全国各地20多位专家的肯定,专家们一致认为,这种"犁耕工作部件前置、单履带行走的微型耕作机",以推动力代替牵引力,突破了耕作机械传统的结构方式,具有创造性、新颖性和实用性,在国内属于首创。

"屎壳郎耕作机"由于体积小、重量轻,一个人就可以背上山,可以在石梯上行进,还能爬45度的坡,工作两小时就相当于一头牛一天耕的地,而它的价格大约只相当于一头牛。产品问世后,要求联合生产的厂家络绎不绝。

【案例八】

"细胞吞食理论"的诞生

俄国著名生理学家柏契尼科夫有一天在仔细观察"海盘车"的透明幼虫,并把几根蔷薇刺朝一堆幼虫扔去,结果那些幼虫马上把蔷薇刺包围起来,一个个地加以"吞食",这是以往从未发现过的现象。柏契尼科夫联想到自己在挑除扎进手指中的刺尖时遇到过的现象:刺尖断留在肌肉里一时取不出来,而过上几天,刺尖却奇迹般地在肌肉里消失了。这种刺尖突然消失的现象,一直是他心中的谜。

现在他领悟到,这是由于当刺扎进手指时,白细胞就会把它包围起来,然后把它吞噬掉。"细胞的吞噬作用"这一重要理论就这样产生了。它告诉我们,在高等动物和人体内部都存在着细胞"吞食"现象,这种现象在发生炎症的过程中能起到保护机体的作用。

在案例七中,姚岩松看到"屎壳郎"推土块的力量比拉土块的力量大,联想到将拖拉机的犁放在耕作机机身动力的前面,这是因为他想到了二者在"推比拉的力量更大"这一点上的相似性。他由履带式推土机联想到了可以将耕作机设计成履带式,这是因为他想到二者在工作过程中"需要稳定性强、着地爬动力好"这一点也是相似的。所以,姚岩松的联想是着眼于事物的相似性。

在案例八中,柏契尼科夫由"海盘车"幼虫包围蔷薇刺,并加以一个个"吞食",想到了刺尖扎在肌肉里被白细胞包围"吞食"的现象,因而建立的"细胞吞噬作用"理论,也是建立在两个事物相似的基础之上。

联想思维的形式之二——接近联想。接近联想是根据事物之间在空间或时间上的彼此接近进行联想,进而产生某种新设想的思维方式。

【案例九】

苏东坡的妙计

苏东坡当年在杭州任地方官的时候,西湖的很多地段都已被泥沙淤积,严重影响了西湖的秀美风采。令他感到最难解决的是从湖里挖上来的淤泥无处堆放。有一天他想到,西湖南北有15公里长,要环湖走一圈,一天都走不过来。如果把从湖里挖上来的淤泥堆成一条贯通南北的长堤,那不是很好吗?他又联想到,挖掉葑田之后,可以招募农人来种麦,种麦获得的收益可以作为整治西湖的资金。这样一来,疏通西湖有了资金,挖掘出来的淤泥有了去处,西湖附近的农人增加了收益,西湖还有了一条贯穿南北的通道,这既能方便来往的游客,又能增添西湖的景点和秀美。苏公妙计,一举数得,可谓高明!

【案例十】

"大陆漂移说"的由来

德国气象学家魏格纳有一次卧病在床,一遍又一遍地看墙上挂着的一幅世界地图,他发现,在大西洋两岸,非洲西部的海岸线和南美洲东部的海岸线正好彼此吻合,这使他逐步形成了这样的联想:在空间上,它们原是连在一起的同一块大陆;在时间上,它们是长期逐渐演变的结果。他设想地球原来只有一块陆地,即所谓"泛大陆",它的周围全是海洋。由于天体的引力和地球自转所产生的离心力,使得这块大陆后来分裂成了许多块。这些大陆块就像冰块浮在水面上一样,逐渐地漂移、分开,越漂越远,后来其中一块向西移动便形成了现在的美洲,美洲与现在的欧洲之间就形成了大西洋。现在的非洲有一半脱离"泛大陆"后向东移动,在漂流过程中,它的南端沿顺时针方向略有扭动,于是逐渐同印巴次大陆分离,在它们之间便形成了印度洋;而漂移出来的部分便成了现在的南极洲和澳大利亚洲。魏格纳提出的这一假说,对研究地球的演变具有极其重要的意义。

世界上的事物总是在空间上或时间上存在着联系,如果巧妙地把一个事物与另一个在空间或时间上接近的事物联系到一起,就能产生出一个个新的创意。苏东坡由处理淤泥而联想到修筑长堤,又由挖走淤泥而联想到可以招募农人种麦以积累治湖资金,这是由事物空间联想而产生的新方法。再如,著名诗句"秋水共长天一色",也是空间联想所创造的美景;而"叶落而知秋之至",则是由落叶与秋天连在一起的时间联想所形成的图画。

当然,空间上的接近联想和时间上的接近联想是不可能截然分开的,它们常常交织在一起。例如"大陆漂移假说",再如"落霞与孤鹜齐飞"的诗句,它们所运用的接近联想,都是既包括空间接近联想,又包括时间接近联想。

联想思维的形式之三——对比联想。对比联想是根据事物之间存在着的互不相同或彼此相反的情况进行联想,从而引发出某种新设想的思维方式。

【案例十一】

俊俏玩具与丑陋玩具

有一次,美国艾士隆公司董事长布什耐在郊外散步,他发现有几个小孩正在玩一只昆虫。这只昆虫不但满身污泥污垢,而且长得十分丑陋难看,可是这几个小孩却玩得津津有味,爱不释手。这使布什耐联想到,市场上销售的玩具都是形象优美的,凡是动物玩具,一个个都面目清秀、俏丽乖巧。假如生产一批丑陋的玩具投放市场,销路又将如何呢?

他决定试一试。于是他叫设计人员迅速研制了一批丑陋的玩具并推出市场:有橡皮做的"粗鲁陋夫",长着枯黄的头发、绿色的皮肤……;有一串小球组成的"疯球",每个小球上都印着丑陋不堪的面孔……这些丑陋玩具上市后,一炮打响,给艾士隆公司带来了丰厚的利润。它们的利润大大高出了一般玩具,销路也长久不衰。

【案例十二】

负电荷——正电荷

英国物理学家狄拉克在研究中发现,电子的能量正负对称。他联想到,电荷也会具有对称性,既然人们已发现了带负电荷的电子,也就一定会存在带正电荷的电子。狄拉克提出的这一预言,后来在1732年被美国物理学家安德逊所证实。

案例十一、十二联想到的是与之相反的情况,从俊俏想到丑陋,从负电荷想到正电荷,再如由大想到小、由长想到短、由厚想到薄、由左想到右、由金属想到非金属等都属于此类。

这类联想的共同特点是:由一个事物想到与之相反的事物,从对相反事物的观察与思考中产生新设想或新形象。王维的名句"大漠孤烟直,长河落日圆"所描写的景象都是常见的,而王维把"直的孤烟"、"圆的落日"联在一起加以对比,便构成了一幅诗情画意的动人图景。这些都是对比联想。

综合训练

1. 列出以下事物的相似之处,越多越好。

桌子和椅子

人才市场和商品市场

工厂和学校

2. 遇到交通堵塞,车辆排起了长龙,你会有什么联想?

3. 看到新生入学的场景,你会联想到哪些相近的事物?

4. "举头望明月,低头思故乡"是诗人在描写异乡客触景生情、思念家乡的思维活动,诗人是用什么联想方式进行描述的?

5. 人们见到火车,就会想到火车是开往某个城市的,车厢里有旅客、列车长、乘务员。这属于哪种联想方式?请举例说明。

6. 遥望星空,你将产生怎样的联想?

7. 假设你在发明一项技术装置,要求它在不破坏人脑生理结构的情况下,可以观察到人脑内部的工作情况。从接近联想的角度,你在构思这项发明时会产生哪些联想?

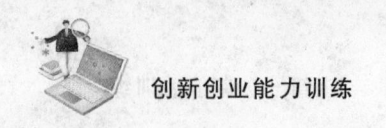

第四节 逆向思维

【案例一】

隐蔽与亮光

第二次世界大战后期,在攻打柏林的战役中,有一天晚上,苏军必须向德军发起进攻。可那天晚上偏偏有星星,大部队出击很难做到保持高度隐蔽而不被敌人察觉。

苏军元帅朱可夫思索了许久,猛然想到对策并作出决定:把全军所有的大型探照灯都集中起来。那天晚上,在向德军发起进攻的时候,苏军的140台大探照灯同时射向德军阵地,极强的亮光使隐蔽在防御工事里的德军睁不开眼,什么也看不见,只能挨打而无法还击,苏军很快突破了德军的防线并获得了胜利。

【案例二】

"往下发射"的火箭

火箭本来都是"往上发射"的,前苏联工程师米海依尔把它倒过来想,终于在1968年设计并研制成功了"往下发射"的钻井火箭。后来他又在此基础上与他人合作,研制出了穿冰层火箭、穿岩石火箭等。这些钻地火箭重量只有一般钻机的1/17,耗能可减少2/3,效率能提高5—8倍,因而被视为引起了"穿地手段"的革命。

什么是逆向思维

案例一的"隐蔽与亮光"是第二次世界大战中一个著名战例。夜袭敌军应该是越黑越好,但是,当条件不具备——晚上有星星怎么办?按常规思维,或放弃或推迟战斗,但这可能错过时机,造成被动;或者是硬打强攻,但这样即使胜利也会伤亡惨重。朱可夫反其道而行之,沿着一条与原来的思维方式相反的方向谋划战斗,让140台探照灯同时射向敌人,伸手不见五指能隐蔽,光极强也能隐蔽,真是殊途同归。朱可夫这种思维就是逆向思维。

在案例二中,米海依尔由向天上发射的火箭想到向地下发射的火箭,从而造出了钻井火箭、穿冰层火箭、穿岩石火箭等,也是运用了逆向思维。

逆向思维是指与一般思维方向相反的思维方式,也称反向思维,也有人称"倒过来想"。

这里的"一般的思维方向"是指传统的、逻辑的、群体的思维方向,也可称为常规思维,采取这样的思维方式对解决常见的问题确实是节省时间精力,也容易成功。但是,遇到新的或复杂的问题时,用常规思维方式可能解决不了,这时,改变一下思维方向,会使问题得到有效的解决,有时还会收到意想不到的效果。

著名的日本企业家丰田公司经理丰田喜一郎说:"我这个人如果说取得一点成功的话,是因为什么问题我都喜欢倒过来思考。"实践证明,科学上的许多重大发明创造、新技术的产生、企业投资的决策都来自于逆向思维。

【案例三】

黑色变浅色

日本的东芝电器公司在1952年前后曾一度积压了大量的电扇,为了打开销路,公司7万多名职工费尽心机地想了不少办法,可依然进展不大。有一天,一个小职员向当时的董事长古阪提出了改变电扇颜色的建议。在当时,全世界的电扇都是黑色的,东芝公司生产的电扇自然也不例外,这个小职员建议把黑色改为浅色,这一建议引起了董事长古阪的重视。经过研究,公司采纳了这个建议。第二年夏天东芝公司推出了一批浅黄色的电扇,备受顾客欢迎,市场上还掀起了一股抢购热潮,几个月内就卖了几十万台。从此以后,在日本乃至全世界,电扇就不再是统一的黑色了。

【案例四】

李嘉诚的逆向思维

20世纪60年代李嘉诚在香港还算不上大富。后来,香港受内地"文革"的影响导致政局不稳,许多有一定经济实力的人,不但不购买房地产,而且为了要离开香港还纷纷廉价抛售房产。这时,李嘉诚毅然做出了超凡出众、力排众议的决定,用他卖掉橡胶工厂的几百万元大量收购土地和房屋。过了一年多,香港逐渐稳定下来,这时房地产的价格猛然回升,李嘉诚从中获得了巨额利润。从此,李嘉诚所拥有的香港地皮,足以同香港的一些大房地产公司分庭抗礼,同时,也奠定了他后来在香港从事庞大事业的基础。

在案例三中,"黑色变浅色"真是不容易!因为电扇自问世以来都是黑色的。虽然谁也没有规定过电扇必须是黑色的,但是彼此效仿,代代相袭,渐渐地就形成了一种惯例、一种传统,似乎电扇都只能是黑色的,不是黑色的就不称之为电扇。这样的惯例、常规、传统反映在人们的头脑中,便形成一种消极的思维定势。时间越长,这种定势对人们的创新思维的束缚力就越强,要摆脱它的束缚也就越困难,越需要做出更大的努力。东芝公司这位小职员提出的建议,从思考方法的角度来

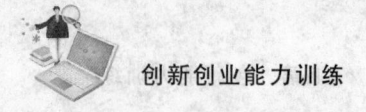

看,其可贵之处就在于,他摆脱了常规思维的束缚,走了一条与众不同的思维路线。

在案例四中,我们设想如果当年李嘉诚在投资上的想法与别人一样,会有今天的李嘉诚吗?他的这次巨大成功主要在于——别人认为房产前景不好时,他却认为大好。这就是逆向思维。

逆向思维的突出特征是反向性。思维的反向性是与正向性相对而言的。正向性思维是指常规的、大众化的、传统的思考方法,反向性思维是改变常规思维、反其道而行之的思考方式。这种方式、手段与正向思维的反差越大,背离越明显,其设想就越新颖。

【案例五】

掺入杂质生产出优异的晶体管材料

1947年,美国的物理学家制造出世界上第一个晶体管。20世纪50年代,世界各国的科学家都在为如何将晶体管的原料——锗提炼得更纯,以进一步提高其质量和性能而不断地进行实验研究。日本新力公司的江崎博士和助手黑田百合子也在为此不懈地探索着。

尽管在实验中他们对所有操作过程都十分谨慎小心,但还是不可避免地会混入一些杂质,原料达不到很高的纯度,这使黑田百合子非常苦恼,感到继续这样的话实验前景渺茫。有一天,她突然想到,既然在实验中难以清除杂质,那如果再加进去一些杂质,情况会怎样呢?她把这个想法对江崎博士说了,得到了江崎的支持。他们二人照此设想进行了一系列实验。随着杂质的不断掺入,锗的纯度也不断降低,当降到原来的一半时,奇迹发生了,一种性能优异的锗晶体出现了。这一发明轰动了全世界,江崎和黑田百合子因此获得了1956年的诺贝尔物理学奖。

【案例六】

智救落井水牛

在某地农村,一头水牛掉进了很深的水井中,村民们看了都很着急。大家想了许多办法,有的说下去一个人把它拉上来,可是根本拉不动。有人说用绳子套住牛,然后大家一起把牛拉上来,可是牛乱动一气,绳子根本套不上。后来,一位老农民让大家往井里灌水,很快,井就被灌满了水,水牛浮了上来,自己爬出了井口。

在案例五中,在提纯遇到困难的时候,黑田百合子不是继续沿着提纯的道路走下去,而是反过来降低其纯度,往晶体里掺杂质,这真是大胆而又反常的做法。但这样做却产生了意想不到的结果。这说明客观世界是复杂的,其规律也不是简单地只有一种。在这个例子里,如果认为纯度越高,晶体管的质量越好,就是只看到了问题的一个方面,而不知在有一定杂质存在的情况下,晶体的性能反而可能更好。由于黑田百合子敢于进行逆向思维,并进行了实验,所以发现了这个规律。

在案例六中,老农民的做法和司马光砸缸有异曲同工之妙,都是运用了逆向思维。常规的方法是把要救的对象从水里拉上来,但当拉上来有困难的时候,司马光是砸缸使水流走,而老农民是倒过来思考,往井里灌水,让牛借助水的浮力爬出井口。这说明要改变事物的位置,方法不只一种,反过来考虑问题同样能够达到目的。

由此可以看出,逆向思维在解决问题时的作用主要表现在两个方面:

(1)突破正向思维的惯性,出奇制胜。平时人们常常习惯于沿着正向的、已有的思维方向去思考问题,但如果正向思维受到阻碍、面临的问题难以解决时,逆向思维会使人突破旧经验、旧方法的束缚,产生新观念、新方式,使难题得到解决。如前例中的"隐蔽与亮光"、"向下发射的火箭"、"黑色变浅色"都能让我们充分感受到逆向思维的这一作用。

(2)从另一方向走向真理,发现规律。人们认识世界、发现规律,不可能总是沿一个方向,走同一条道路。解决问题时,也会有"条条大路通罗马"的情景,但是哪条路通得更快、更好?这应该是思考选择的问题。"掺入杂质生产出优异的晶体管材料",就是从另一个方向探索出新的客观规律的实例,大家熟知的法拉第由电产生磁反过来想到磁场也会产生电场的事例,更说明反向思维往往可以更全面地认识世界和发现规律。

逆向思维的形式之一——原理逆向。原理逆向就是从事物原理的相反方向进行的思考。

【案例七】

电生磁——磁生电

1819年,丹麦物理学家奥斯特发现通电导体可使磁针转动的磁效应。1820年,法国的安培发现通电螺线管具有与磁石相同的作用。英国物理学家法拉第想:既然由电可以产生磁效应,反过来由磁能否产生电效应呢?按照这一思路,法拉第开始了新的课题研究。经过9年的艰苦探索,终于在1831年发现了电磁感应现象,即在磁场中做切割磁感线运动可以获得感应电流,为发电机的制造奠定了理论基础。

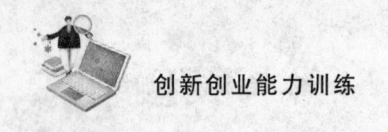

【案例八】

温度计的诞生

意大利物理学家伽利略曾经应医生的请求设计温度计,但屡遭失败。有一次,他在给学生上实验课时,注意到水的温度变化引起了水的体积变化,这使他突然意识到,反过来想,通过水的体积的变化不也能看出水的温度的变化吗?按照这一思路,他终于设计出了当时的温度计。

对于科学技术研究中的许多问题,顺着去想,肯定有很多人早已经想过了。要想超过前人和他人而有所发现和发明,那就常常需要另辟蹊径,其中也包括常常"倒过来想想"。

在案例七中,奥斯特和安培先后发现了电可以产生磁效应,而法拉第没有顺着他们的思路去思考研究,而是把电生磁原理反过来考虑:磁能否生电?正是这种"倒过来想",使他成为"磁生电"的发明人。

在案例八中,伽利略看到水温变化引起了水体积的变化,从而想到水体积变化是否也会引起水温度的变化,这也是对事物原理作了反向思考。

逆向思维的形式之二——功能逆向。功能逆向就是按事物或产品现有的功能进行相反的思考。

【案例九】

蚂蟥的作用

有的医务工作者发现蚂蟥总是往人的血管里钻,无论怎么用力拉都拉不出来,就想:能不能故意让它往病人的血管里钻,让它把病人血管里的淤血吸出来呢?如果可行的话,那么做手术时不就能减少组织的坏死率了吗?

【案例十】

风力灭火器

现在消防队员扑灭火灾时使用的灭火器有风力灭火器,风吹过去,温度降低,空气稀薄,火被熄灭。一般情况下,风是助火势的,特别是当火比较大的时候。但在一定情况下风可以使小的火熄灭,而且相当有效。

在案例九中,同是面对蚂蟥,常规性思维是防止它钻进人体吸血而伤害人,医生们想到让它钻进去吸出对人无用、有害的淤血来帮助人恢复健康。任何事物都有它的双重功能,人们首先想到的是利用它的正面功能,防止或清除反面功能的影响。如果能够首先想到把某种事物的反面功能变害为利,就是一种创新思维。

要做到这一点,离不开功能逆向思维。

在案例十中,如果按照常规思维,风的作用是助燃,成语"煽风点火"就是源于此。而工人师傅让风与它原来的作用背道而驰——灭火,从而发明了灭火器,这就是典型的功能逆向思维。

逆向思维的形式之三——结构逆向。结构逆向就是从已有事物的结构方式出发所进行的反向思考,如结构位置的颠倒、置换等。

【案例十一】

上面加热的锅

日本有一位家庭主妇对煎鱼时鱼总是会粘在锅上感到很恼火,鱼常常被煎糊、煎烂,令人大倒胃口。她仔细观察后发现,这是由于锅底加热后鱼油滴在热锅上造成的。有一天她在煎鱼时突然产生了一个念头:能不能不在锅的下面加热、而在锅的上面加热呢?这一念头使她先后尝试了好几种从上面烧火把鱼放在火下面的做法,效果都不够理想。最后她想到了在锅盖里安装电阻丝这一从上面加热的办法,果然制成了令人满意的"煎鱼不糊的锅"。这种锅不仅能使鱼不被煎糊、煎烂,而且还能既不冒烟又省油。

【案例十二】

刨床的改变

传统的木工刨床是刨刀在固定的位置旋转着,待加工的木料由工人用手将其推向刨刀,这种机械稍有不慎便会弄伤手指。国内外一些木工机械专家为防止工伤,提出了包括借助光电技术在内的各种防护措施,然而都不能从根本上解决问题。而只读了一年半小学的农村木工李林森,运用逆向思维方法,改变了刨床的传统结构,设计出让木料固定不动、刨刀来回移动的新型刨床。这样在加工过程中就不用以手持木推行,杜绝了工伤发生的机会。此发明获得专利后转让给了昆明拖拉机厂,第一年就创产值1200万,获利480万元,求购信函厚达1.5米。

在案例十一中,自古以来锅都是在下面加热,这位日本家庭主妇从解决问题的需要出发,把它改为在锅盖里加电阻丝,从上面加热,从而发明了"煎鱼不糊的锅"。

在案例十二中,刨床在为人类造福的同时,也无数次无情地伤害过它身边的人,人们曾对它又爱又恨,无可奈何!一个文化程度不高的工人仅仅是把它的结构改变了一下,由原来的刨刀"固定"变为现在的刨刀"活动"就解决了这一问题,这位工人运用的就是结构逆向思维。

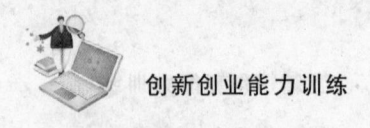

逆向思维的形式之四——属性逆向。属性逆向就是从事物属性的相反方向所进行的思考。

【案例十三】

空心代替实心

1924年,法国青年马谢·布鲁尔产生了用空心材料代替实心材料来制作家具的设想,并率先用空心钢管制成了名为"瓦西里"的椅子。此后他又用空心代替实心完成了包括日内瓦联合国教科文组织大厦在内的许多著名设计,从而成为新型建筑师和产品设计师的杰出代表。

【案例十四】

反向电视机

日本索尼公司的总工程师井深大有一天去理发,他一边理发,一边在玻璃镜子里看电视,但是他看到的电视图像正好相反,眼睛感到不舒服,心里也很别扭。突然,他计上心来:如果设计一种反向画面电视机,那么就能在镜子里看到正面画面。于是,他回到公司,利用既有的独家优势,设计、生产出反向画面索尼电视机并投入市场,生意非常兴隆。这种反向画面电视机消费对象主要包括:一是许多医院添置这种反向电视机,让卧床病人在镜子里看电视,能够调节心理、安心养病;二是理发店、美容院也大批订购,以吸引顾客;三是体育机构、训练中心大量买进反向电视机,训练运动员以左手对付习惯用右手的对手,或以右手对付习惯用左手的对手;四是不少人为了避免电视机有害辐射,特地要在镜子里看反向电视。这种逆向思维居然开拓了一个电视机的庞大市场。

从案例十三中我们看到,事物属性决定事物的特点,如果能把事物的原来属性反过来想,就会使事物的整体特性发生改变,从而产生创新成果。法国青年布鲁尔变"实心"材料为"空心"材料的设想及实践,使他在新型建筑方面写下光辉的一页。

在案例十四中,电视机属性从方向的角度看,有正向电视、反向电视,反向电视机的诞生,我们就可以把它归结为属性逆向思维。

逆向思维的形式之五——程序逆向或方向逆向。程序逆向或方向逆向就是颠倒已有事物的构成顺序、排列位置而进行的思考。

【案例十五】

由上至下的建楼法

以前,任何高楼都是从底层开始逐层向上建造,现在有了先建楼顶再往下层建造的"升板法",其施工过程是先将大楼的承重柱竖好,然后在地面浇制顶楼面的楼板,固化后以升降器将整个楼面(甚至还可预装部分设备)吊升至应有高度并与立柱连接固定,之后再在地面浇制下层的楼面,依次进行。这样做的好处很明显:每层楼板都在地面施工,不仅方便快捷,还可省去层层楼面的支托架。而且,当上层楼面固定后便可实施内部分隔装修,形成立体施工,大大加快了整个建筑装潢的进度。

在案例十五中,建楼从最底层开始本来似乎是天经地义,可偏偏有人要把它的程序来个颠倒——先盖最高层,再逐层向下盖。我们不得不佩服这一思维多么无拘无束、多么富有逆向特色,它使我们的建筑程序发生了根本变化。

逆向思维的形式之六——观念逆向。

【案例十六】

对失败的赞赏

有一次,洛克菲勒的合伙人贝德福德在南美洲投资失败,损失了100多万美元。大家纷纷叹息并沮丧不已,而洛克菲勒不仅没有抱怨,反而以赞扬的口吻对他说:"干得不错,如果是我,说不定损失更多!"

【案例十七】

比尔·盖茨的选择

比尔·盖茨关于未来事业选择的思维很开阔,他认为法律、心理学、人工智能研究或者计算机理论研究都可以作为选择对象。

在他上大学二年级的时候,有一天,他从《大众电子学》的封面上看到MITS公司研制的第一台个人计算机的图片,就马上意识到,这种个人计算机体积小、价格低,将来一定可以进入家庭,甚至会人手一台。他认为这是一个不可多得的发展机遇。之后,他先是为MITS公司个人计算机编写BASIC解释程序,然后从哈佛退学,与艾伦一起创办了微软公司。

但是,在比尔·盖茨产生开发个人计算机想法的时候,正是大型计算机和巨型计算机领导计算机世界发展潮流的时代。当时统治计算机王国的是IBM公司,不仅是他们,几乎所有人都认为,微型计算机只不过是小玩意,只能供玩游戏和做一些简单的应用,根本没有什么发展前途。领导计算机发展潮流的,只能是大型机和巨型机。甚至还有人认为,计算机领域将来的发展趋势是全世界只要有5台巨型机就够用了。

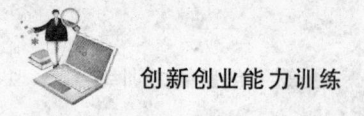

不过，比尔·盖茨的思维却偏偏没有顺应大多数人的想法，他想，趁着人们都把精力投入到了大型和巨型计算机中，如果此时自己进入小型计算机的领域，遇到的竞争一定不会太激烈。正是这种观念上的逆向思维，帮助比尔·盖茨获得了事业上的辉煌成就。

在案例十六中，洛克菲勒对失败采取的与众人不同的态度，就是源于他的观念逆向。相对于大多数人来说，这是一种新的思考角度，显示出他高人一等的思维水平。

在案例十七中，盖茨的名声在当今世界甚至超过了总统，但是有多少人知道成就他辉煌的重要因素是观念的逆向呢？

观念不同，行为不同；行为不同，收获不同。观念相同，行为相似；行为相似，收获相同。这不是文字游戏，它意在昭示：观念是多么的重要，要想自己有超凡的收获则必须有自己独特的观念。

生活中大家有相同或相似的观念是难免的，有时也是必需的，但是如果一个人始终没有自己独特的认知，那么他只能平庸一生。观念支配人的行动，有时与众不同的观念会产生新思想，从而收获非凡的成果。

综合训练

一、训练方法与步骤

1. 认真读题。

2. 根据训练题的要求进行逆向思考。

3. 把思考的结果写下来。

4. 可以和同伴共同进行训练，然后比较各自的思维经过，看谁对逆向思维运用得更大胆、思维结果更新颖，并加以讨论，取长补短。

5. 如果对自己的答案不满意，可以进行反复训练。

二、训练注意事项

1. 人一般是不习惯逆向思维的，为了培养逆向思维意识和能力，要有意识地进行逆向思维训练。

2. 开动脑筋，追求与众不同的观念。不管它们价值如何，只要与人们日常的习惯相冲突就行。

3. 勇敢地把你的想法告诉别人。

4. 面对别人的否定要心平气和，尽力说服别人认可。

5. 有意识地逆经验而动，如电话铃响不去接、孩子把屋里弄得一团糟而无动于衷等,尝试打破固定的经验反应模式。

三、逆向思维自我训练

1. 举例(自己或别人的)说明什么是逆向思维并分析其作用。

2. 分析以下两例各属于哪种逆向思维形式。

(1)风,一般情况是助燃生火的。一位工人师傅受吹灭蜡烛现象的启发而发明了轻便有效的风力灭火器。

(2)钱包是保密的,但不透明不方便找钱,有人设计出可看到里面的透明钱包,有没有硬币一目了然。

3. 从正面回答下列问题。

(1)请找出一个你认为很讨厌的东西,说出它有什么用途。

(2)你能在自己最讨厌的人身上找到优点吗?

(3)单位发生了火灾。

(4)公司产品的市场占有率逐年降低。

(5)自己的孩子今天逃学。

(6)自己刚买的一个漂亮花盆摔碎了。

(7)在商场丢了50元钱。

(8)所有的官员抽签产生。

(9)经常"挑错"的人。

(10)废除所有死刑。

4. 从反面回答下列问题。

(1)男人比女人有力气。

(2)众人拾柴火焰高。

(3)冬天比春天冷。

(4)天下太平、盗版绝迹。

(5)日用品价格降低。

(6)抽奖获得了一台洗衣机。

(7)从科长提拔为处长。

(8)孩子考上了大学。

(9)逆境出人才。

(10)路见不平,拔刀相助。

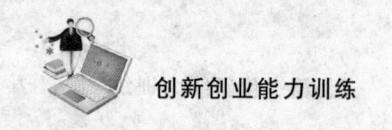

第五节　组合思维

【案例一】

中国的图腾

在远古时代,曾有过一个神话大放异彩的时期,这个时期持续了多久,难以准确考证。在这个时期,各种现实与超现实的英雄豪杰、奇神怪兽大量涌现,像女娲、盘古、伏羲、炎帝、黄帝、羿、夸父、烛明、烛龙、蚩尤、共工、雷震子、土行孙等,这些神话人物腾云驾雾、天上人间,创造了许多惊天动地、可歌可泣的事迹。比如《封神榜》,你可以说它是一部神话小说,也可以说它是人类历史上最早的一部科幻小说。

值得注意的是,中国远古传说中的"神"、"神人"或英雄,大多都是龙蛇之身。如:

盘古之君,龙首蛇身。(《五运历年记》)

女娲,古神女而帝者,人面蛇身,一日中七十变。(《山海经·大荒西经》郭璞注)

钟山之神,名曰烛明……人面蛇身赤色。(《山海经·海外北经》)

闻一多先生曾指出,在古代,龙是由大蛇演变而来的,是蛇加上各种动物组合而成的。它以蛇为主体,接受了兽类的四脚,马的头,鬣的尾,鹿的角,狗的爪,鱼的鳞和须……便成为我们现在所知道的龙了。这样看来,龙与蛇实在是可分而又不可分。这就是中国的图腾,华夏民族的标志物。

你会怎样思考中国人的图腾——龙呢?

【案例二】

鸡尾酒的勾兑

在一次盛大的宴会上,中国人、俄国人、法国人、德国人、意大利人争相夸耀自己民族的文化传统。为使自己的表述更加形象且具有说服力,他们纷纷拿出具有民族特色、能够体现民族悠久历史的东西——酒,来彼此相敬。中国人拿出古色古香、做工精细的茅台,打开瓶盖,酒香袭人,四座皆惊,众人为之称道;俄国人拿出伏特加;法国人拿出大香槟;意大利人拿出葡萄酒;德国人拿出威士忌。轮到美国人时,只见他把各种酒勾兑在一起,随之举杯相敬,说:"这叫鸡尾酒,它体现了美国的民族精神——综合就是创造。"

什么是组合思维

从以上两个案例可以看出：中国图腾——龙和美国鸡尾酒的共同属性是什么？我们从龙的形象中，可以看到中华民族是富有创造性的民族；从"鸡尾酒的勾兑"可以看出，想象力具有这样的本质特征：把不同的事物大胆组合在一起形成一种或多种崭新的东西，即"综合就是创新"。从哲学的角度来分析，所谓鸡尾酒的勾兑，也就是对各国文化精品的兼采博收、融合加工，从中获得的"文化合金"就具有了坚韧光泽、不锈不蚀的崭新特质。无疑地，由"文化合金"武装起来的"国家精神"，由拥戴一切新知、一切为我所用派生出来的综合创新精神，构成了美国人特别富于活力的生存竞争的智慧和开拓创新的品格。正是这种独特的创新精神，使200多年前尚在酣睡的美洲大陆苏醒过来，表现出创新活力的持续升华、进取精神的不断深化。

组合思维是指把多项貌似不相关的事物通过想象加以连接，从而使之变成彼此不可分割的新的整体的一种思考方式。

【案例三】

冰与热水何以能联姻

美国一位澡堂经营商突发奇想，产生了一个特殊的构想——以制冷机取代锅炉来制造热水。他之所以会产生这种犹如神来之笔的创意，是因为每年一到夏天，天气炎热难耐，家家户户只好开着冷气来对付炙热的酷暑。而冷气在室内停留时，热空气被吹向室外，数万台冷气机同时运转散发的惊人热量，使整个城市的温度上升许多，同样这种惊人的热量却可以在天寒地冻时为人们造福。澡堂主人注意到这一点，因此以制冷机替换了一直默默吐烟的锅炉。这样一来，虽然机器运转的能源费用增加了，却相对节省了操作锅炉的人力，也不会有公害污染问题，而且在夏季还可以当作冷气机使用，真是一举数得。

【案例四】

电视手表

现在的手表，已不仅仅是过去单纯计算时间的"微型机器"了，它已演变为兼具游戏、字典、计算机等多重功能和用途的手表产品，而最具代表性的就是被称为"梦想商品"的电视手表。这是英国精工公司所发明的新产品。在构造上，电视手表的画像是在硅酮上并列着32000个液晶画像，由于液晶的特殊性质，显示出来的画面不是彩色的而是黑白的。

这种电视手表发明问世后，有人认为它是划时代的新商品，但它也引来许多

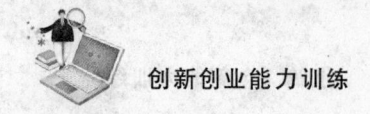

反对的声音。支持者以球迷、年轻人为多数,他们希望随时随地通过手表就能得到想要获知的信息,所以认为电视手表是把电视与手表的优点发挥到极致的产品。持否定态度者则认为在公共汽车内看电视会受到电波干扰,走路时又看不大清楚,而且习惯看彩色画面的人对单调的黑白画面也深感不满。你想想看,争论的结果会是什么样?

【案例五】

一组组合而成的实物

我们不妨也思考一下下面这组实例是由什么东西组合成的。

(1)牙膏+中医药——药物牙膏
(2)电话+电视机——可视电话
(3)手枪+消音器——无声手枪
(4)毛毯+电阻丝——电热毯
(5)台秤+电子计算机——电子秤
(6)飞机+飞机库+军舰——航空母舰
(7)收音机+盒式录音机+激光唱片——组合音响
(8)洗衣机+脱水机+干燥机——全自动洗脱干组合洗衣机
(9)自行车+电机+蓄电池——电动自行车
(10)照相机+电子调焦调光机——傻瓜照相机

暂列上述10个运用组合思维形成的具有形式上新颖、技术上独创、结构上完整、功能上协调等特征的有机整体的新产品。这类组合在我们社会生活中难以计数,使我们的生活更加丰富多彩、繁花似锦。

通过案例三、四、五的展示可以看出,在组合思维指导下产生的新事物无处不在。可见,组合是世界上十分普遍的现象。

中国人的图腾——龙是由五种动物组合而成的,组合的要素是力量、速度、灵巧、超级能力和智慧。龙飞上天可以腾云驾雾,入海可以搏击巨浪,不畏艰难险阻,勇往直前。它所折射出的是,中华民族的精神和文化是拼搏向上、不屈不挠和极大宽容、柔和的结合,这种精神融入了中华民族五千年的文明史。但是只有在21世纪,在改革开放的今天,龙的精神、龙的愿望才能成为活生生的现实。

组合思维方式是随着人类诞生而形成的。人类与其他动物的区别在于人会制造和使用工具。人类最早的创造恐怕是树皮、兽皮与人的组合,火与泥土、烧熟食物的组合,用一块石头敲击、磨制另一块石头的组合,一块石头的锐角与钝面共存于一身、用途各异的组合,石刀、石斧与木头(接把)的组合。但是,在现代社会,组合思维逐渐演变为更理性化、更智能化、更高级的组合思维方式,由组合而创造的新事物何止成千上万。组合思维既是人类最古老的创造性思维,又是永远年轻、永远充满活力和战斗力的思维,应该说组合思维最显著的特征就是它的创新性。

组合思维广泛适用于社会的各个层面,大到宇航工程,小到宇宙中的分子、原子都离不开组合。离开组合,人类将无法生存,更谈不上发展。

组合思维在形式上、方法上都有十分明显的广泛性特征。组合的广泛性在于:世界上所有的事物都处在彼此直接相关或间接相关的联系之中。

通过以上的分析,我们把组合思维的特征可以归纳为:

(1)组合思维最突出的特征是它的创新性。

(2)组合思维最普遍的特征是它的广泛性。

(3)组合思维最鲜明的特征是它的时代性和继承性。

【案例六】

从一组新产品来看

新产品的不断出现,源于人们生活的需要和对美、新、奇的渴望与追求。

(1)以婴儿奶粉系列产品为例:雅培产品系列分为初生至1岁、6个月至3岁、3岁至7岁三个生理阶段适用的奶粉、豆奶粉。为了能使婴幼儿脑健、体健并具有免疫调节功能,其配方含有人体必需的各种维生素、微量元素以及雅培特有的核苷酸。雅培婴幼儿奶粉是由100多种元素组合而成的有机整体,这个整体折射出来的文化信息——对生命的关爱、对婴幼儿成长发育的关爱,达到了无微不至的程度。雅培还开发了1岁以上因偏食引起的体弱儿童适用的高营养奶粉。高尚的动机才会有高品位的组合,组合的结果是奶粉成为这种文化的载体。

(2)组合型奶瓶问世,击垮了所有传统的奶瓶。传统奶瓶的功能往往是单一的,就是可以让婴儿用奶嘴喂奶。这种传统奶瓶的功能是直接的,但是缺陷也是明显的,如:不卫生;喝不净;温度难以把握;喝快了容易呛着、噎着,然后呕奶、吐奶……于是有人把所有的缺点一一摆出来,然后一一加以改进。改进就要应用组合思维的方式,引用许多其他领域的技术进行组合,使其产生崭新的、更适用于当代婴幼儿需要的多种功能,如用插入瓶壁的温度表控制温度;在奶瓶内安装有吸奶孔的小钢球,小钢球连接吸奶管子等等。新型奶瓶一经问世,就迅速地占领了市场,传统奶瓶就悄然隐去了。由此可见,组合而来的新事物总是在不断取代旧事物,在新、旧事物不断作用与反作用下,人的需求也就不断上升到新的层次。在没有电的封闭山村里,人们不会有对电视机的渴求。实际上,就是物质决定意识,意识又反作用于物质。在这种哲学规律的作用下,人类的需求在不断提高,事物在不断更新,社会在不断进步。

从案例六看出,不管是企业占领市场,还是新产品的开发与销售,大都是企业家与员工组合思维创新的结果,否则不会有新产品上市,更不会有优秀创新产品引领市场的局面。企业离不开创新,而组合正是创新活动中最常应用的思维。

通过以上实例的分析,我们可以清晰地看到组合思维有以下作用:

(1)组合作用似乎是创新思维的本质特征,组合思维在满足人们物质生活、精神生活的需要中具有极大的推动作用。

(2)组合思维在开展群体创新活动中,获取群体创新成果、实践人人都是创新者的过程中发挥着独特的作用。

(3)组合思维几乎能与所有类型的思维相结合,其威力之大,也恰恰就在于与其他类型思维和方法的结合和互补。

(4)组合思维的属性对完善科学体系有着重要的价值和作用。

综合训练

一、训练方法与步骤

1. 按照教材阐述的理论和案例,理解组合思维的定义、特点、作用。

2. 在解题过程中充分应用扩散思维、联想思维和想象思维,提升组合思维。

二、注意事项

运用组合思维创新开发新思路、新观念、新产品时,需要注意以下三点:

1. 把握量。选择组合要素的量要适度,要素多了,组合出来的东西当然会非常多,但相应耗费的精力、时间也会非常得多。

2. 把握度。组合可以使产品具有不同的功能,使之成为多功能、通用型的产品,但过分追求"万能"的做法也不可取,可能会出现增加成本、制造困难、功能多余等负面效果。

3. 注重质。在各类风马牛不相及的事物中发现它们的内在联系,即见他人之所未见、思他人之未思以及思他人未能深思的东西。

三、组合思维自我训练

1. 组合游戏题

(1)组合不同领域的物体,你可组合成哪些有意义、有价值的东西?

卧室	自动化
床	运送装置
睡觉的地方	移动
窗帘	加热器
位于浴室附近	不同颜色
让人有安全感	自动门锁

(2)下面是任意选出的20种物体,你可组合出哪些有意义、有价值的东西?

计算机	切片机
咖啡机	雕塑
百合花	吊床
太阳镜	呼机
门前的擦鞋棕垫	窗户
浴缸	真空吸尘器
手机	汽车
防晒液	票
卧室	苏打罐
电视	驱虫剂

2.动态组合智力思考题(回答出利用已有的何种信息、资源、条件组合才能完成)

从洞里怎么掏铁球

有一棵长在沙丘旁边的大树,树的根部有一个1米深的、碗口大的洞。有一天,几个小孩在树下玩铁球,一不留神,铁球掉进了洞里。小孩们只有一根1米长的木棍,此外再也没有其他可以利用的工具。

请问:用什么办法,如何通过动态的组合把掉进洞里的铁球掏出来?(要求回答问题十分简洁。)

3.在保留如下器物主体技术功能的前提下,能否通过加进其他一些技术或附件来改进功能、扩大品种?请你把考虑的结果尽量多地写出来,填于表内。

A	电视机	
B	写字台	
C	自行车	
D	旅行包	
E	玻璃窗	

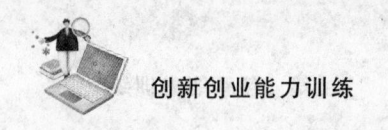

第三单元　掌握创造技法

任何事情都需要一个明确的目标作为指导，创新创造也不例外。事实证明，正确的目标和恰当的选题直接影响着创新创造的成功。分析列举法之所以作为创新技法的首选，是因为通过对事物的准确分析和全面列举能够有助于题目的最终确定和选择。

第一节　分析列举法

【案例一】

问一下你的父母对伞的记忆，他们肯定能说出很多对伞的不满。

比如，有的虽然撑开足够大，但是收起时太长不易携带，伞尖还容易刺伤别人；乘公共汽车时雨伞上的水会弄湿别人的衣服；开收不方便；伞骨容易折断；伞布透水；颜色和样式千篇一律，缺乏美感；雨伞不具有防紫外线的功能，太阳伞较小不能挡雨，两者兼顾则价格又比较高；不方便携带收藏，等等。

后来，人们对伞进行不断的研究和改进，不断克服伞的各种缺点，于是有了今天样式各异、功能完善的伞。比如，可折叠的两折、三折伞，体积小，易收藏；不同布料、样式新颖、色彩缤纷的伞，同时解决了伞的功能单一、样式缺乏个性的问题，使用伞的人无论在炎炎烈日下还是滂沱大雨中都能保持良好的心情；在伞顶上加一个集水器，解决了雨水随处滴落的问题；用其他材料替代铁制成伞骨，以免生锈；情侣伞或者亲子伞，让使用的人随时感到温馨。欧美国家近年来开始流行一种高科技含量的伞，伞面不是传统的布料，而是质地非常轻巧的镀铬条。这样的伞不仅能够挡雨，同时还是一个便携式太阳灶，只要把伞倒置在阳光下，伞柄对准太阳，那么伞面聚焦产生的温度可高达500℃，烧水做饭绝对不成问题。

什么是分析列举法

分析列举法是通过分析，尽可能全面地排列出一件事物的相关内容，尽可能地做到事无巨细、全面无遗，有助于形成多种构想方案。这种方法有利于人们克服对熟悉事物的思维惯性，重新审视并深入考察以获得事物的新属性，在原有的基础上提出改进意见和建议，产生创造。

分析列举法的特点

分析的强制性和列举的展示性是分析列举法的两大基本特点。

分析列举法的作用及局限性

(一)作用

分析列举法由于能够通过对原有的物品或者事物冷静地进行重新审视,改变了旧的思维模式,克服了心理障碍,有助于新想法的产生。

第一,分析列举法有助于克服障碍、大胆想象。

柏拉图说:"经验使人失去的东西往往超过给人带来的东西。"在日常生活中,我们常常强调经验,但有时候,恰恰是丰富的经验遮住了我们看事物的视线。在最初接触一个事物时,每个人都会因为新鲜感、陌生感而不自觉地去研究它,因此容易发现问题,但是久而久之就熟视无睹了,这就是人们常说的"少见多怪、见多不怪"的变化过程,在这个过程中人们的创新性被渐渐地消磨掉了。分析列举法最大的贡献就是帮助人们克服这种思维惯性和思维惰性,通过拆分产生新的事物,再次引发思维的活跃性。

第二,分析列举法保证了人们感知的全面性,避免遗漏。

同样一个事物或者一件事情,不同的人的感知角度和感知方式都是不同的,因此难免会忽视一些方面,导致看待事物的片面性。比如案例中提到的伞,有人看到了伞的样式,有人看到了伞的功能,有人看到了伞的质地,有人看到了伞的成本,等等。分析列举法可以帮助人们最大可能地顾及事物的方方面面,有利于全面分析,有助于产生更多的设想。

第三,分析列举法易操作且科学可行,适于改进旧有物品。

分析列举法一般应用于对旧有物品的改进,通过对其进行拆分、重组、代替、结合等等,生产出新的物品。这个过程需要操作者思维灵活、视角独特、心思缜密,因此结果颇具科学性。同时,其操作方式和程序都相对简单,所以易于操作和推广。

(二)局限性

从上述分析可以看出,分析列举法注重精细、全面,有时甚至可能相当繁琐、耗时较长,因此只适用于比较简单的问题。而且分析列举法本身并不能解决问题,而仅仅是为解决问题提供思路,最终还是要通过具体的手段和技法来实现。

分析列举法的种类

分析列举法具体可以包括特性列举法、希望点列举法、缺点列举法和成对列举法等,下面一一进行介绍。

(一)特性列举法

这是美国 R.克劳福特教授发明的一种创造技法,按照他的观点,事物都是来

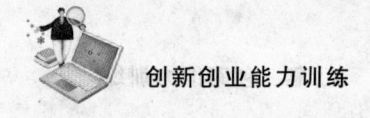

源于其他事物的,因此,所谓创造也就是对旧有事物尤其是对其特性进行改造的结果。所以,特性列举法就是通过对需要改进的对象进行观察分析,列举出它的尽可能多的特性,继而进行改进完善。

具体操作步骤如下:

首先,将分析对象的特性尽可能详细地列出,对象要具体、明确。

其次,从名词特性、形容词特性和动词特性三个方面进行列举。名词特性指的是对象的整体、部分、材质和制作方法等,形容词特性是指对象的形状、性质、颜色等,动词特性则是指对象的效用和功能等。

第三,在上述各项目下尽量尝试各种可替代的属性进行置换,以产生新的设想和方案。

第四,提出新的方案并进行讨论评价,努力按照实际需要进行改进。

【案例二】

多用圆规的发明

在山东省举办的"青少年科学小发明创造"竞赛中有一项获奖作品——多用圆规,发明者是山东省烟台市某中学的学生刘国仁,他使用的方法便是分析列举法。

据刘国仁同学介绍,他首先对圆规进行了分析并详细列举出了其特质:整体—圆规;部分—圆规脚、铅笔头、垫片、扭头、螺丝;功能——画画、作图。然后分析其各个方面存在的缺点,比如:"夹铅笔的时候不方便","结构有些笨重,操作不灵活"、"能否用其他材质替代金属材质"、"功能较少,能不能同时兼有其他功能",等等。最后,他针对每个缺点进行逐一改进,把量角器、三角板和刻度尺的功能都组合到圆规里面,形成了物美价廉的多用圆规。

当然,特性列举法不仅仅局限于上面所说的名词、形容词、动词的分析范围,还可以有很多其他的分析方法,使用者可以根据具体的情况进行选择操作。

(二)缺点列举法

简单地理解,缺点列举法就是对一个事物吹毛求疵,根据实际需要故意查找问题和缺点,然后进行有针对性的改进,创造出新产品。缺点列举法通常围绕旧有事物的缺点进行改进和完善,并不改变事物的总体和本质,属于被动型创造技法。它同时可应用于旧产品的改进、不成熟产品的完善和企业的经营管理方面,等等。

其具体操作方法和步骤如下:

首先,广泛调查和征集意见,尽可能多地列举事物的缺点;

其次,对缺点进行归类和整理。

第三,逐一分析并研究其改进方案。

比如,对大家曾经穿过的各种雨衣进行缺点列举。

从雨衣的材质来看,塑料材质的雨衣在零度以下容易变硬、变脆、易折损;胶布材质的雨衣比较耐用但是闷热不透风。

从雨衣的功能来看,雨衣的下摆一般都是与身体垂直的,雨水容易弄湿裤子和鞋子;遇到风雨较大的时候,脸容易被淋湿并挡住视线,不安全;骑车的时候穿雨衣也不方便。

从雨衣的设计样式来看,雨衣的设计和颜色一般都比较单调、缺少个性,等等。

然后针对这些缺点一一提出改进方案。比如,采用能同时解决不耐用和闷热的新材质;下摆设计成百褶裙的样式以免弄湿裤腿和鞋子;在雨衣的帽子上增加防雨眼镜或者眼罩,保证使用者的视线不被挡住;像普通的衣服一样,设计出适合男、女、老、幼的不同样式,增加雨衣的装饰性和时尚性,等等。

(三)希望点列举法

希望点列举法是指创造者提出各种意愿和希望,然后进行归纳总结,从而开发创造出新产品的创造技法。

希望点列举法与缺点列举法不同的一点在于:缺点列举法始终围绕旧有物品进行创造,属于被动型创造技法;希望点列举法则不受旧有物品的束缚,而是从创造者的主观意愿出发,属于主动型创造技法,因此常用于新产品的开发。

实施方法和程序与缺点列举法基本相似,不再一一赘述。

【案例三】

保定铁球

保定铁球一直以来被誉为"三宝之冠"和"东方瑰宝",保定市铁球厂生产的"寿星"牌铁球由于其正宗传统的工艺更是驰名海内外。该厂同时还生产磁疗球、仿金镀钛球,还生产工艺雕刻龙凤球和健美铃等产品。1990年7月,保定市总工会技协办组织开办了一期创造学师资培训班,培训师要求学员们针对"寿星"牌铁球提出自己的希望。

学员们运用希望点列举法提出了一系列希望和设想,厂家感到十分惊喜。下面是当时提出的部分希望点:

(1)大小可以缩放的铁球;

(2)冬天可以使用的具有手炉功能的铁球;

(3)景泰蓝包装过的铁球；

(4)透雕式设计的铁球；

(5)装有可调控音响的铁球；

(6)装有通讯设施的铁球；

(7)装有加热设施的铁球；

(8)具有磁疗功能的铁球；

(9)可以播放音乐的铁球；

(10)具有健身功能的铁球；

(11)能够在使用中不断散发香味的铁球；

(12)可以发出鸟鸣声的铁球；

(13)带报时器的铁球；

(14)带报警器的铁球；

(15)有防身功能的铁球；

(16)可以测试握力的铁球；

(17)有放光装饰功能的铁球；

(18)具有纪念价值的或者限量版的铁球；

(19)永远不会生锈的铁球；

(20)经典豪华限量版铁球,其材质可以采用金、银或者宝石；

(21)能够自动计数的铁球；

(22)外表印有生肖图案的铁球；

(23)冬暖夏凉的铁球；

(24)双色铁球、多色铁球或者变色铁球；

(25)兼具医疗保健功能的铁球,比如高血压病人或者心脏病人专用等；

(26)使用特殊药物加工过的铁球；

(27)可以按摩用的铁球；

(28)用中英双语刻上生产制造年代、功能等的铁球；

(29)能自动显示体温的铁球；

(30)能自动显示血压的铁球；

(31)用不同材质制造的铁球；

(32)分年龄和职业的铁球；

(33)能静音的铁球；

(34)适合四季使用的铁球；

(35)夏天有降温功能的铁球；

(36)情侣定制铁球;

(37)印有名人字画的文化铁球;

(38)具有室内装饰功能的铁球;

(四)成对列举法

成对列举法是指任意选择两个事项并结合起来,成对列举其特性,或者先在一定范围内列举事物的特性,然后成对进行组合,寻求其中的创新性设想。

实施方法和步骤具体如下:

首先,列举一定范围之内与主题相关的所有事项,尽量详细。

其次,随意选择其中的两项进行组合,在不考虑可行性的前提下想象这个组合可能产生的意义。

第三,对所有产生的组合进行可行性分析和筛选。

一类事物	甲	乙	丙	丁	戊	己	……
另一类事物	A	B	C	D	E	F	……

综合训练

1. 运用特性列举法,对台灯进行改进

特性:

改进设想:

2. 运用缺点列举法,对手表进行改进

缺点:

改进设想:

3. 运用希望点列举法对宿舍的摆设提出改进意见

希望点:

改进设想:

4. 智力故事——老板损失了多少

有个人在 A 店铺买了 90 元的东西,然后交给店铺老板一张 100 元的钞票。由于店铺老板没有零钱可找,便到隔壁 B 店铺兑换了零钱,找给这个人 10 元钱。

过了一会儿,B 店铺老板发现这张 100 元的钞票是假的,他找到 A 店铺老板要求赔偿。A 店铺老板无奈,只好又赔偿了 B 店铺老板 100 元。过后,A 店铺老板非常气愤,认为自己损失了 200 元,而 B 店铺老板安慰他说,只损失了 10 元。

问:A 店铺老板究竟损失了多少钱?你是采用哪些方法推论出来的?

5. 设计多功能家具

要设计新式多功能家具,可以先列举出各种家具及室内用具:床、桌子、沙发、

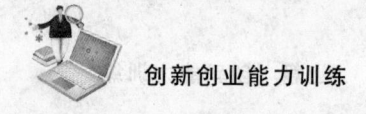

椅子、茶几、书架、台灯、衣柜、衣架、镜子、花盆架、电视、音响、眼镜、梳子等。

然后,进行两两配对组合:床和沙发、灯和衣架、桌子与书架、床和箱子、床和灯、镜子与柜子、电视与花盆、音响和台灯,等等。

最后对所有方案进行分析,发现许多方案均可发明出新式家具,有些方案事实上已经成为产品,如床和沙发组合成的沙发床、镜子和柜子组合成的带穿衣镜的柜子、床和箱子组合成的床底可兼作放物柜的组合床等。有些方案则还没有人尝试过,如茶几与电视机结合、茶几与镜子结合、电视机与镜子结合、椅子和灯结合等等。

思考:

(1)接着上面的案例进一步补充,提出自己的希望点。

(2)把房间里的东西列举出来,为自己设计一款个性的多功能家具吧。

第二节　组合法

【案例一】

赵一鸣以羽绒服为例,说明了技术组合的意义。说白了,羽绒服就是将羽绒充进棉衣来替代棉花。

这在原始理论创新上毫无建树,只是由于改变了材料,便产生了功能上的巨大改进,甚至因此诞生了一个行业。

沁园公司董事长叶建荣原来是一个研究材料科学的学者,他在高分子化工原材料领域的发明,曾经获得国家专利。

不过,这项技术并没有转化为产品,反而是他集成了其他技术之后,开创了饮水机行业的另一番天地。

然而,目前作为承担研发职责的高校,用力的方向却与企业不太相同。大部分高校普遍着力于原创性的研究,这类纵向的研究只要在某一点上取得突破,便可以撰写一篇很好的论文。横向的技术组合运用虽然能为企业带来产品创新,但在专业探索上不容易突破。这导致各类研究机构多专注于纵向的探索,而忽视横向的技术组合。

"中国的产业结构层次需要原始创新,但更需要能将现有技术组合成新产品的产品创新。在这方面,学校和企业是有距离的。一旦研发机构和企业在这方面取得共识,对中国的经济转型来说,便具有独特价值。"赵一鸣说:"我们对组合技术概念很感兴趣,而且地处经济发达地区,这也是研发机构的机会。"

即使对沁园这样的行业巨头来说,原创技术的运用也十分有限,目前多是将不同的技术进行优化集成组合,从而达到产品创新的目的。

不少企业也已经意识到了这个问题。在能源价格大幅上涨时,宁波一家企业对绿色能源产生了兴趣。他们设想能否将太阳能板直接应用于建筑领域,并与现有的电网并网。

由于太阳能转化为电能后是直流电,而电网是交流电,要并网的话,必须将直流电转换为交流电,并在波形等方面符合电网指标。

这方面有许多技术细节需要解决。当然,技术原理早已明确,只不过是需要明确通过何种方式,将不同的技术组合好,并设计出最好的工艺流程。

什么是组合创新法

创新通常可以分为两种,一种是突破性创新,另一种就是组合创新。日本创造学家菊池诚博士说过:"我认为搞发明有两条路,第一条是全新的发现,第二条是把已知原理的事实进行组合。"爱因斯坦也说过:"我认为为了满足人类的需要而找出已知装置的新的组合的人就是发明家。"

所谓组合创新法,是指按照一定的技术原理,通过重组合并两个或者多个功能元素,开发出具有全新功能的新材料、新工艺、新产品的创新方法。这种创新方法不同于突破性创新中完全采用新技术、新原理的方法,而是对已有发明的再开发利用。组合创新既利用了原有成熟的技术,又节省了时间和成本,同时也更容易被大众接受和推广。

组合创新的方式可以是多种多样的,根据其切入点不同,可以包括以下几种类型:

1.材料组合

即把不同的材料进行组合,其目的是尽量避免各种材料本身的缺点,而通过优化组合实现其功能的最大化。例如,最初使用的电缆都是纯铜芯,虽然导电性能很好,但是铜本身质地比较软。后来经过改进,以铁作为内芯,开发出内芯外铜的组合材料。目前远距离的电缆采用的都是这种材料,既充分发挥了铜的良好导电性能,又利用了铁质地硬、不易下垂的优点,同时还大大降低了成本。

2.功能组合

即把用途、功能各不相同的物品组合成一个同时具有多种用途和功能的新产品。例如,具有按摩功能的梳子就是组合了普通梳子和微型按摩器;按摩型洗脚盆也是在传统洗脚盆的基础上嫁接了按摩的功能。

3.意义组合

即通过组合赋予新物品以新的意义,其目的并不在于改变其功能。例如,各种旅游纪念品,一个普通的葫芦随处可见,但是印上某景点的名字和标志就具有了纪念价值;一件普通的T恤衫印上一个团体的名字和标志便具有了代表性。

4. 原理组合

即把具有相同原理的两种或多种物品组合成一种新产品。例如,传统的衣橱太浪费空间,而且衣服存放和拿取都不太方便,于是有人把不同的衣架组合在衣橱里,这样不同种类的衣服可以分别存放,既方便又节省空间。

5. 成分组合

即把成分不同的物品进行组合产生一种新产品。例如,当下非常流行的各种茶饮品,如柠檬红茶等等;色彩缤纷的鸡尾酒也是这种创新方式的产物。

6. 构造组合

即把不同结构的物品进行组合产生新功能。这种组合方式最伟大的发明莫过于房车了,它同时解决了外出交通和住宿两大问题,因此自诞生之日起便广受欢迎。

【案例二】

商场如战场,拼的不仅仅是经济方面的硬实力,更是智力和智慧等软实力。墨守成规、故步自封的企业在商海中永远是没有前途的,想要生存只能不断创新。组合法无疑是各种创新方式中最为省时、省力、省成本的了,因此历来受到各商家的重视和欢迎,甚至逐渐成为一门经商艺术。

日本的普拉斯公司可以说将组合创新技术运用到了登峰造极的境地。该公司在创立之初曾一度面临破产,但恰恰是运用了商品组合技术而奇迹般地扭转了局面,拯救了公司。最初,普拉斯公司只是一家小公司,专营各种小的文教用具,但是由于经营方法传统守旧,经营一直惨淡。公司里有一位名叫玉村浩美的女职员,一直在思索如何改进公司的经营状况。通过细致入微的观察,她发现顾客在购买文具时往往都是同时购买两种以上,很少有人只买一种。这一看似普通平常的现象给了她极大的灵感,她提出了一个新的经营方式——文具组合套装,即将纸张、笔、橡皮、剪刀、卷尺、直尺、胶带、胶水、小订书机等组合成套,放入一个外形设计精致、方便携带且印有精美彩图的盒子里。

这一创意并未添加任何新技术,也没有改变原有的生产线,只是增加了生产小盒子的成本,但是这个看似普通的组合却产生了巨大的反响。虽然改装以后的文具套装的价格是原来的几件文具总价的几倍,但是顾客们却并不在意,从中小学生到公司职员乃至专门的工程技术人员都成了新产品的追捧者。新产品推出后的第一年就售出300多万盒,获利之大完全超出了经营者的想象。一个普通的组合在普拉斯公司濒危之际力挽狂澜,这种神奇的效果使组合经营方式在全球迅速走红。

发展至后来,很多人已经不满足于仅仅将商品进行组合,而是进行更深一步的推广,综合经营便是组合的结果。例如,现在的综合商城,同时可以进行购物、休闲、娱乐、健身、餐饮等多项相关服务。"一条龙"式的连锁经营因为节省了消费者的时间,所以受到了现代人的普遍欢迎,而商家同时也获得了最佳的经济收益。"世界企业"是在此基础之上进行的更加大胆的组合创新,即把设计、生产、销售等分别放在世界不同的国家,将高新科技与廉价劳动力市场、高价销售市场等结合起来,实现利益的最大化。比如苹果、三星等手机企业的设计工作都在公司本部,生产基地设在中国等地,销售则面向世界多个市场。

总之,组合经营法注重的是灵活性,需要的不是质的改变,只要善于组合,便可以以不变应万变,推陈出新,出奇制胜。

综合训练

1. 请将下列物品进行组合,并写出组合的结果及功用。(至少5种以上)

大海　风　电　石头　火　水　树木　汽车　鼠标

2. 利用两个圆、两条直线和两个三角形随意进行组合,并说明组合的意义,越多越好。

3. 利用下列句型"当……遇到……会……",在一分钟之内完成尽可能多的句子。比如:当蓝色遇到黄色会变成绿色。

4. 多功能型办公用品

第一步:选择办公室里的12种物品,分成两类,写成两栏,每栏6种物品,用掷骰子的方法进行随意组合。如下表:

1	文件夹	椅　　子
2	办公桌	空调开关
3	订书机	台　　历
4	电话	电　　灯
5	电脑	打印机
6	公文柜	空调开关

第二步:通过掷色子选出组合的对象。

例如:假如第一次掷色子指示的是5—6,即电脑和空调开关。那么设想这个组合可能的创意有:在电脑上设置程序控制空调开关;设计一个电脑遥控器,可以像控制电视机一样操作电脑,等等。

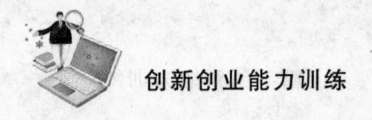

分析说明：这个训练的目的是激发学生的想象力，尽可能设想出更多的创意，因此无论组合是合乎逻辑的还是随意的，都要鼓励学生大胆发挥。通过这个训练还要让学生熟练掌握组合创新的两个基本步骤，先是根据需要把单个物品的相关特性尽可能多地列出来，接着对两个或者更多物品的特性进行组合，激发出更多创造性方案。当然，并非每次组合都会产生新的创意，许多结合都是无意义的、不可操作的。但并不能由此而否认组合创意的可能性，创新更多的是以数量求质量，因此还是要进行最大可能数量的设想和组合。

思考：你还能利用组合创新法做出哪些多功能型办公用品？

第三节 设问检查法

【案例一】
　　拉链是我们日常生活中最常见的物品之一，由于其便利性而被广泛应用。其实美国发明家贾德森最初提出拉链的设想仅仅是为了替代鞋带，所以尽管它获得了1905年的第5号专利，但是却一直处于亏本状态。一位服装店的老板看中了拉链的便利性，觉得应该得到更广泛的应用。于是他从钱包开始尝试，结果装上拉链的钱包一时间非常热销，随后装上拉链的海军服也成为畅销产品，拉链由此流行开来。更有创意的是，1989年1月11日，某医院为一位胰腺手术的病人装上了拉链，既避免了半个月后再次打开伤口的痛苦，又便于伤口和内部组织的观察清理，可以说是拉链的又一杰出贡献。

什么是设问检查法

　　如果发现问题和提出问题表示已经成功了一半，那么有问有答的设问就是一个成功的完整案例。无数经验证明，巧妙的设问能够开启想象力、拓宽思路、指引创新。

　　设问是有问有答，那么顾名思义，设问检查法就是对拟改进的事物提出问题，然后给出相应的答案。当然这种问答都是建立在对事物进行周密分析、研究的基础上的，提问的目的在于了解事物的性质、目的、范围等等，进而明确改进的可能性，使问题更加具体化、易操作，答案也就相应地更加清晰。

　　设问检查法的特点：以问题作为创新的切入点；站在不同的角度进行全方位的提问，避免了遗漏，有利于打破固定思维模式。

　　目前流行的设问检查法有多种，其中最主要、最常用的有奥斯本检核表法、5W2H法。下面逐一进行介绍。

奥斯本检核表法

奥斯本检核表法,又被称为分项检查法,原本包括75个问题,但通常情况下被组合为六大类问题,分八个组进行提问:

1. 既有发明能否具有其他用途?
2. 既有发明能否引入其他的创造性设想,或者有没有可以借用的其他创造发明及类似的发明或替代物?
3. 既有发明可否改变后使用?(包括性能、色彩、形状、味道、音响等)
4. 既有发明能否扩大使用范围,或延长使用寿命等?
5. 既有发明可否缩小或切割后使用?(包括大小、重量等)
6. 既有发明能否更换顺序或型号后使用?
7. 既有发明能否颠倒使用?
8. 既有的两种或多种发明能否进行组合使用?

上述问题往往能够刺激我们进行多方面的联想,对既有的事物进行改进和完善。下面我们结合一些实例看一下:

能否具有其他用途——既有的事物、理论、方法、材料等能不能发现别的用途,或者在原有的基础上稍微改动后用于他处。

【案例二】

枪作为武器,在发展过程中已经出现了很多种类,比如手枪、步枪、机枪、冲锋枪,等等。有人利用枪的发射原理,将之稍加改进而用于生活中,给人们带来了极大的方便。比如,加拿大研发的种树枪,把种子和土壤装进塑料子弹里,每天可植树2000棵,既提高了种植效率也提高了成活率;用来给凶猛的动物注射药物的注射枪,减少了兽医的意外伤害;建筑上使用的射钉枪,可以高效、准确地向墙面和木板上钉钉,十分便捷,等等。

能否借用——既有事物能否通过借鉴或移植别的思路与技术,或模仿别的事物产生出新成果。

在企业经营管理中引入先进的计算机技术,实现了办公自动化、管理远程化;泌尿系统疾病治疗中引入了微爆破技术,不用开刀即可清除结石,操作方便,可减少病人痛苦且能够节省开支;电弧被用来在水泥板上打洞,这是山西一位建筑工人的大胆创意,既省时又省力,还避免了巨大的噪音。

能否改变——能否通过适当地改变既有事物的形状、味道、声音、颜色等使其产生新的效能。

【案例三】

日本的资生堂化妆品公司历经十年的研究创立了芳香学,该学说认为不同的香气会对人体产生不同的生理影响。他们在研究中发现,玫瑰和薰衣草的香气有镇静安神的功效,茉莉花的香气有助于消除疲劳,柠檬的香气能够振奋精神,而薄荷的气味则有助于减少睡意,于是各种功能的香薰应运而生,一时间风靡全球。随后,香气领带、香气电话等产品纷纷流行起来,每个人可以根据自己在不同场合的需求来选用具有不同香气的产品,既实用又时尚。有的公司甚至据此创造出了"香气管理法",即在不同的空间散布不同的香气,从而提高工作效率。

【案例四】

颜色在我们的生活中随处可见,与香气异曲同工的是,不同的颜色也能给人带来不同的生理和心理影响。20世纪50年代中期,第三产业中的一些行业由于颜色的过于守旧,甚至曾一度面临破产的威胁。后来,以颜色的功用为研究对象的技术美学诞生了,它主张以改变颜色和形状来增加产品的美感。随后,各种产品的开发和研制都开始采用这一观点,比如现在流行的彩棉、彩色蔬菜;家电行业也一改白色的传统设计,盛装上阵;甚至建筑领域也不落后,从整体设计到室内装饰都开始重视色彩的搭配,如童话宫殿一样的幼儿园、色彩缤纷的乳胶漆等等。

能否扩大——能否通过增加一些东西来改变既有事物。

【案例五】

洋娃娃是每个女孩童年必备的朋友,但随着女孩年龄的增长,其一般就会渐渐被忽略。香港设计了一种拟人化的"椰菜娃娃",它不同于传统娃娃的千篇一律的脸庞和造型,每个娃娃都各有特色,而且拥有一个电脑随机赋予的名字,屁股上印有"出生日期"(注意:不是生产日期或者出厂日期),有"出生证明"。更有意思的是,"椰菜娃娃"只能"认养"不能"买",一周岁时还会收到厂家寄发的生日卡。"椰菜娃娃"一经推出便大受欢迎,尽管价格不菲,但并没有阻挡住人们的热情,排队"认养"椰菜娃娃一度成为香港人的时尚。

能否缩小——能否通过简单化、微型化、折叠化、自动化等方式把既有事物缩小甚至取消。

人们可能都有这样的经验:同样的东西,小巧精致的更容易让人心动,而且功能一样的情况下微型的物品也的确更为方便,比如越来越薄的笔记本电脑、蓝牙耳机、可以安装在手表或者戒指上的微型摄像头、折叠自行车,等等。法国曾经研制过一种小型摩托车,只有2.5公斤重,时速却可达到80公里。

能否替代——能否用其他物品替代既有物品,既具有现有物品的优点,又有其自身所特有的优势。

【案例六】

陶　瓷

陶瓷现在已经不仅仅是作为日用器皿而存在了,现代工业充分利用了陶瓷的耐磨损性、耐高温性、耐腐蚀性等优点,替代其他材料生产出了许多新产品。宜兴一家锅炉构件厂研制生产了陶瓷锅炉构件,成本降低了一半;湖南一家瓷器厂开发出了微波炉专用瓷具,比塑料更环保,比玻璃更安全;国外有的公司还研制出了陶瓷发动机,能够大幅度减轻自重、提高热效。

【案例七】

食品替代

当今世界,人口逐年增加,土地面积却逐年减少,仅仅依靠土地的产出来满足人们食物的需要已经远远不够了。科学家们开始致力于研究开发新的物品来替代传统的粮食,比如海藻,目前成果斐然。科学研究发现,海藻的产量是世界小麦总产量的15倍以上,且富含蛋白质、维生素以及多种人体所需矿物质,加工后可用来替代小麦、大豆等多种粮食,因此,将来海洋将成为未来人类的第二粮仓。

昆虫也是一个不错的选择,现代饮食行业已经在不断尝试和引进昆虫作为人们的盘中餐了。研究发现,昆虫所含的营养成分更加合理、更加健康,而且非常美味。

能否调整——能否对既有事物进行适当的调整,如改变型号或布局等以产生不同的效果和功用。

【案例八】

历史上著名的田忌赛马的故事大家都非常熟悉,无非是重新调整了三匹马参加比赛的顺序,却胜券稳操,这也不失为一种创新。有位策划师曾经做过一个名噪一时的策划。北京一个文化馆扩建时涉及了100户搬迁户。上级部门计划拨款1400万作为居民安置费,当时若在城区买一套住房需要20万,这样就是2000万,那么剩下的600万从哪儿来呢?他提出让大家到郊区去买房,每套只要3—4万,但是住户不同意,原因是太远、不方便。他又提出给每家买一辆小面包车,大家欣然同意。事实上,每辆小面包只需4万,这样,每家加上房子才只需要8万,所有用户加起来一共只需800万。他又进一步给大家提出了一个建议,把面包车集中起来成立一个出租车队,既能接送住户上下班,同时还能租车挣钱。就这样,思路的小小改变就扭转了整个局面。

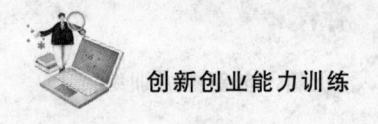

5W2H 法

W 和 H 是英文单词的第一个字母,5W2H 包括 5 个 W 开头的问题和两个 H 开头的问题。这七个问题分别是:

1. what?(是什么?)
2. why?(为什么?)
3. who?(谁?)
4. when?(时间?)
5. where?(地点?)
6. how to do?(怎样做?)
7. how much?(达到什么程度?)

任何问题,只要沿着这个思路进行思考,便不难在某一个或某几个点上取得突破,产生新构想,从而创造出新产品。

【案例九】

候机厅的小卖店

航空公司在机场候机厅的二楼开设了一个小卖店,候机厅每天人来人往,可奇怪的是,小卖店自开张之日起便一直门庭冷落。经理在进行了一番考察后用 5W2H 法进行了问题筛查,最后发现问题出在 Who(谁)、When(时间)和 Where(地点)三个方面。

首先,Who(谁),即顾客。小卖店在开设时便把顾客主要定位于入境的旅客上,但是实际上入境的旅客并不需要上二楼。只有接送旅客的人才会在二楼停留,但他们有足够的时间在市内购物,所以完全忽略了小卖店。

其次,When(时间),即客人何时购物。入境的旅客不上二楼,那么出境的旅客便成了潜在顾客,但是他们也只有在办完行李托运等相关手续之后才有时间和精力去小卖店,而机场却规定旅客登机前才能办理托运,这样出境的旅客根本没有时间光顾小卖店。

再次,Where(地点),即小卖店所处的位置。小卖店没有设在旅客的必经之路上。上面提到,出境的旅客没有时间,入境的旅客办完手续后从一楼就可离开机场,所以位置不对。

综上所述,小卖店生意惨淡的原因有三:顾客、时间、位置,由此便失尽了"天时、地利、人和"。对此,经理与航空公司协商,调整了旅客行李托运时间和旅客出入境路线,从而保证了充足的客源,小卖店生意日渐红火起来。

和田十二法

和田十二法也被称为聪明十二法,是我国著名创造学家许立言、张福奎提出来的,其理论基础是奥斯本检核表法,实践基础是我国的发明创造研究,尤其是上海和田路小学的创造教学探索。

具体内容:

1. 加一加:能不能在既有物品上面添加什么?加高、加厚?增加时间、次数?与其他物品进行组合会怎样?

2. 减一减:能不能在既有物品上面减去什么?减高、减轻?减去时间、次数?能不能直接省略或者取消一部分?

3. 扩一扩:把既有的物品扩展或放大会怎样呢?

4. 缩一缩:把既有的物品压缩或缩小会怎样呢?

5. 变一变:改变既有物品的形状、颜色、音响、味道、气味、次序会怎样呢?

6. 改一改:既有物品有什么缺点或不足?使用是否不便?如何改进呢?

7. 联一联:既有事物的结果与原因有何联系?对我们解决问题会产生什么帮助呢?把某些事物联系在一起会怎样呢?

8. 学一学:通过模仿一些事物的解构和形状会产生什么构想?学习其技术、原理呢?

9. 代一代:既有事物能不能用另一种去替代呢?替代后会产生什么结果呢?

10. 搬一搬:既有事物挪到其他位置会怎样?还能发挥效用吗?或者能产生其他新的效用吗?

11. 反一反:把一件事物或者东西上下、前后、左右、内外、反正进行颠倒,会有什么改变吗?

12. 定一定:要改进某个事物或者解决某个问题,或者防止危险发生,或者提高效率,需要做出什么规定吗?

【案例十】

多用升降篮球架

方黎,上海市某小学五年级学生,她用和田十二法发明的"多用升降篮球架",曾在上海《少年报》举办的"居里夫人奖"竞赛等多项比赛中获奖,后经上海、无锡等厂家生产之后在江浙沪广一带十分热销。在采访中,方黎说"多用升降篮球架"的想法是在体育课上产生的。原来,方黎所在的小学操场面积不大,上体育课时全班同学只能共用一个篮球架,几十名同学排队投篮,每人每节课平均只能投12次。而且篮球架太高,对于身材矮小的同学来讲投篮非常困难。

于是她想能不能多加几个篮筐呢?或者,能不能把篮球架做成落地风扇那种升降式的呢?于是,通过"加一加"和"缩一缩","多用升降篮球架"就诞生了。

综合训练

1. 运用和田十二法对自己的鞋子进行改进,设计一双"四季鞋"。
2. 选择一家你经常去的小吃店,运用设问检查法对其提出改进意见和建议。
3. 智力故事——海顿先生有罪吗?

喜欢侦探故事的海顿先生打扮得非常整齐:嵌绒领的海蓝色大衣、真丝领带、锃亮的皮鞋。他一手提着黑色的小皮箱,一手拿着一顶礼帽,上了一等车厢。彬彬有礼的乘务员引领他进了自己预订的包厢。海顿先生被PR电器公司任命为驻德黑兰的商务代表,今天他是怀着愉悦的心情去上任的。列车驶出了君士坦丁堡站,这时夜已经很深了。海顿先生看了一会儿侦探小说,正准备上床睡觉,突然,一个女人闪进他的包厢。她长得很标致,说不定是哪一家皮货店的模特。一进门,她就把门反扣上,胁迫海顿先生乖乖交出钱包,否则就要扯开衣服,叫嚷是海顿先生把她强拉进包厢,企图强奸她。看到海顿先生没有作出反应,这个女人嬉皮笑脸地说:"先生,即使是你床头的警铃也帮不了你的忙,因为我只需要把我的衣服轻轻一扯……"海顿先生陷入困境,他只好讷讷地说:"让我想想,让我想想。"说着,他点燃了一只哈瓦那牌雪茄。就这样,双方僵持了三四分钟。出乎这个女人的意料,海顿先生还是轻轻地按了一下床头的警铃。这个女人不由得气急败坏,她果然说到做到,立即脱了外衣,扯破了胸前的衣衫。待乘警闻声赶到时,躺在海顿床上的这个女人又哭又闹,她直着嗓子嚷道:"三四分钟前,这个道貌岸然的先生把我强行拉进了包厢。"这时,海顿先生依旧平静地、不动声色地站在那里,悠闲自得地抽着雪茄,雪茄上留着一段长长的烟灰。

乘警目睹了这一切,没有立即作出判断。他进行仔细的观察,不一会儿他就明白了这个女人想讹诈海顿先生,于是毫不犹豫地把这个女人带走了。

警察根据什么作出判断,认定海顿先生是无辜的,而这个女人确实在敲诈呢?

4. 针对"如何改善城市拥堵的交通状况"和"如何改变城市空气污染"这两个社会问题,运用智力激励法的相关技巧激发学生的思考。

(1)暂停一继续法:教师提出问题并留给学生5分钟左右的时间思考,让学生在放松的状态下思考、准备。

(2)接力法:教师可以在提出问题后随意指定一个学生开始提出设想,然后轮流接力下去,在规定时间内尽量多地循环,如此便会产生更多的设想。

(3)小组讨论法：教师可以将学生分成人数相当的一些小组，每个小组均配备主持人和记录员各一名。每个小组分开讨论，然后各组选派代表汇报结果。

(4)竞赛法：与小组讨论法相似，只是增加了竞赛的程序，在规定时间内提出设想最多的小组胜出。

第四节　想象思维方法

【案例一】

相传战国时期的赵国有一个特别喜欢吹牛的人，名叫方士，大家都非常看不起他。有一次，有个人想当众让他出洋相，就问他高寿，方士又借机吹牛："我也说不清楚我现在到底多少岁了。小的时候我看伏羲画八卦时差点吓死，是伏羲用仙药把我救过来了。后来天柱折断，天地崩塌，幸好我没在那个漏洞的地方，所以活了下来。女娲补天的时候，我还去帮助过她呢。大禹治水从我家门口经过时，我还给他送酒慰劳过他呢。姜太公经常拿他钓的鱼喂我的黄鹤。穆天子瑶池宴请王母娘娘时请我坐的首席，结果我贪杯喝醉了，连怎么回到这个地方的都忘了。对了，现在什么年代了？"虽然大家对方士的行为非常鄙视，但我们不得不佩服他丰富的想象力。

什么是想象思维

想象思维是人体大脑通过形象化的概括作用，对脑内已有的记忆表象进行加工、改造或重组的思维活动。想象思维可以说是形象思维的具体化，是大脑借助表象进行加工操作的最主要形式，是人类进行创新及活动的重要的思维形式，是由某种诱因导致不同人事之间发生联系的思维方式。

想象思维的特点

想象思维有再造想象思维和创造想象思维之分。再造想象思维是指主体在经验记忆的基础上，在头脑中再现客观事物的表象；创造想象思维则不仅再现现成事物，而且创造出全新的形象。文学创作中的艺术想象属于创造性想象，是形象思维的主要形式，存在于整个过程之中，即作者根据一定的指导思想，调动自己积累的生活经验，进行创造性的加工，进而形成新的完整的艺术形象。

想象思维的类型，主要为有意识的想象和无意识的想象。

有意识的想象是指思维主体为了特定的目的而进行的想象，其动机是塑造特定的事物形象。这种想象受主体意识的支配，因此具有明确的方向性和预见性。

有意识的想象具体又分为创造型想象、再造型想象和幻想型想象。

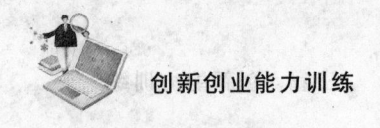

1. 创造型想象

创造型想象是不依据现成的描述而独立创造出新的想象表象的过程。

2. 再造型想象

再造型想象是在已有的图画、文字或者他人语言表述的基础之上进行想象而产生相应形象的过程。比如我们在读书时想象出来的人物形象或者场景，赏画时想象画面本身可能代表的意境等等。

【案例二】

一位在外经商的商人托同乡带一封信和一百两白银给妻子。同乡在路上突然起了贪念，打开信一看发现只有一幅画，并没有提到银子的事情，于是放心地私吞了五十两。

但是商人的妻子收到信和白银以后，却说："我丈夫明明让你带了一百两白银给我，怎么只有五十两呢？"同乡大骇，忙将剩下的白银还给了商人的妻子。

商人的妻子是如何知道白银的具体数目的呢？原来商人的妻子不识字，所以商人用图画的形式把自己的意思表述出来了。八哥八只：$8 \times 8 = 64$（两）；斑鸠4只：$9 \times 4 = 36$（两），一共是100两。这种思维方式就是再造型想象。

3. 幻想型想象

幻想型想象是指与生活愿望相结合并指向未来的想象。

幻想型想象具有两个基本特点：一是体现了本人的生活愿望，二是指向未来。巴尔扎克的一句话特别形象地概括了幻想型想象的基本特点："想象是双脚站在大地上行走，她的头脑却在腾云驾雾。"

幻想型想象与创造型想象有相似之处，但是两者又各具特色：幻想总是体现着个人愿望，而创造型想象则未必；幻想与当前活动往往并没有直接联系，也不直接产生任何结果和效应，但却可能在不经意间推动创造性活动的进程。幻想包括理想和空想，理想因为更符合事物发展规律，因此可实现性更强；空想则往往与客观规律相悖，但有时也会产生积极作用，比如空想社会主义为后来社会主义理论提供了一定的借鉴意义。

无意识的想象是思维主体在受到外界刺激的情况下不由自主地产生的想象，不受主体意识的支配，没有明确的指向性和目的性。比如，人们在看到某些风景时，有时候会想象成A，有时候会想象成B，这种想象受当时环境、气候甚至心情的影响。再比如，幻觉和梦境也都是无意识的想象。灵感往往源自于无意识的想象，但是无意识的想象并不能直接创造出任何东西，还需要借助逻辑思维的条理性。

想象思维的作用

想象思维在创新性思维中起主干和主导作用。

爱因斯坦曾经说过:"想象力比知识更重要,因为知识是有限的,而想象力概括着世界上的一切并推动着进步,想象才是知识进化的源泉。"从心理学的角度来讲,想象思维的本质是激活了人们大脑深处的信息并进行重新编码后得到的一种意想不到的超越现实的结果。

【案例三】

韩信是历史上著名的军事家和将领,刘邦虽有所耳闻,但却并不是十分相信,因此他决定探一下韩信的底细。有一次,他给了韩信一块五寸见方的布帛,说:"你一天之内能在这块布帛上画多少士兵我就给你多少士兵。"一旁的萧何暗暗着急:这么小的一块布帛能画多少士兵啊?但是韩信却没有丝毫犹豫和为难的神情。第二天,韩信把布帛交给刘邦,刘邦看后大吃一惊,立即把兵权交给了韩信。原来,韩信在布帛上画了一座城楼,"帅"字旗飘扬,战马从城门口露出头来,无一名士兵,却是一幅千军万马的景象。刘邦不得不惊叹,韩信胸有千军万马,确实是一名将才。

综合训练

1. 运用各种联想思维方式将两个看似完全没有联系的事物连接起来。比如:黑板—卫星。思维路线可以是:黑板—粉笔—老师—学生—知识—科学家—卫星。

以小组为单位,选择下列题目中的一道展开联想,以3分钟为限,产生的思维路径越多越好。

(1) 飞机—明星

(2) 地图—学者

(3) 空调—喜马拉雅山

(4) 奴隶—印刷术

2. 在不计算成本的前提下,哪些材料可以做成纸?(能想象到的越多越好)

3. 给男、女洗手间各设计一个标志,要求醒目而且有创意。

4. 站在世界地图前面,你能想到什么?(随意想象,可以相互之间没有联系)

比如:钓鱼岛领土纠纷;朝鲜核试验;中东战争;非洲饥荒;汉语学习热潮;欧美风摇滚;韩流……

5. "一个和尚挑水喝,两个和尚抬水喝,三个和尚没水喝。"这个故事大家都非常熟悉了,但是如果换一个角度去思考,怎样解决三个和尚吃水的问题呢?(以小组为单位进行讨论,尽量想出更多的办法)

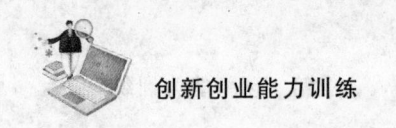

第五节　智力激励法

【案例一】

有一年冬天，美国北方格外寒冷，连续的大雪使电线上积满了冰雪，跨度较大的电线常被沉重的积雪压断，给人们的生活带来了极大的不便。许多人尝试提出各种解决方法，但是效果都不明显。有一次，电讯公司的经理提出运用奥斯本的"头脑风暴法"解决这一历史性难题。为此，他特地召开了一个座谈会，与会人员来自各个不同的专业和领域，他号召大家"让头脑卷起风暴"，并且要遵守以下四个原则：

首先是自由思考，即每位与会者都尽最大可能地去解放思想，在没有任何思想负担的情况下思考和发言；

其次是延迟评判，即不对任何一位发言者的设想进行即时点评，只能进行单纯的记录，会后再组织专人进行评价；

第三是以量求质，即鼓励各与会人员不考虑设想的可行性，只是尽量多地提出意见和建议，用数量来保证质量；

第四是结合改善，即鼓励各与会人员借鉴别人的思想，一方面对自己的设想进行补充，另一方面尽力把多个设想进行结合以产生更加完善的提议。

在这四个基本原则的指导下，与会者畅所欲言，想法无奇不有。比如，有人提出设计一种专用的电线清雪机；有人想到用电热来化解冰雪；也有人建议用振荡技术来清除积雪；甚至有人提出坐直升机扫雪。尽管有些想法感觉好像是无稽之谈，但基于会议的原则，并没有人当场提出质疑。出人意料的是，一位工程师受到乘机扫雪的提议的冲击，想到一个简单高效的方法：借助直升机高速旋转的螺旋桨的力量迅速扇落电线上的积雪。"扇雪"的提议一出，马上引起与会者的强烈反响，各种利用飞机扫雪的主意不断被提出。结果一个小时之内，10名与会者提出新设想90多条。

随后，公司组织相关专家对会上提出的各种设想进行了分类论证。直升机扫雪的提议得到专家们的一致认可，比起专门设计清雪机或者电热化雪等都简单可行，而且节省费用。后经现场试验证明，这个方法果然有效。就这样，一个长期以来悬而未决的难题，终于通过一场头脑风暴会顺利地解决了。

思考：上面的案例给了你什么启示？大家不妨按照会议的基本原则畅所欲言。

什么是头脑风暴法

英国19世纪的文学家萧伯纳曾经提出过一个著名的苹果论，即如果我们将各自拥有的一个苹果相互交换,那么我们每个人手里还是只有一个苹果;思想则不同,我们将两种不同的思想进行交流的话,每个人就会拥有两种思想。这种理念推而广之的话就是后来流行的头脑风暴了。1939年美国创造学家A·F.奥斯本更加直接地喊出了"让头脑卷起风暴,在智力激励中开展创造!"的口号。

头脑风暴法:又称BS法或自由思考法,1939年由美国创造学家A·F.奥斯本首次提出该观念,并于1953年正式发表。

头脑风暴的英文单词是brainstorming,原本是精神病理学术语,直译的意思是"精神病人的胡言乱语"。奥斯本正是借用这个词形象地概括出了头脑风暴会的特点,即让与会者不拘于传统的会议形式,随心所欲地提出各种设想,并互相激发彼此脑海中的思维"风暴"。因此,所谓头脑风暴本质上是一种智力激励法。中国俗话所说的"三个臭皮匠,顶个诸葛亮",其实与其有异曲同工之妙。

头脑风暴法利用的基本心理机理是改变了群体决策中容易形成的群体思维,因为最大限度地保证了个人思维的自由发挥,参与者受到他人的热情感染而激起一系列联想反应,为创造性的发挥提供了温床。

头脑风暴法的分类

头脑风暴法一经提出便在世界各国引起强烈反响,后经创造学研究者的实践和发展,最终形成了一个相对完善的发明技法群,如三菱式智力激励法、默写式智力激励法、卡片式智力激励法等等。

三菱式智力激励法,是由日本三菱树脂公司改进而成,它的优点是修正了奥斯本智力激励法严禁批评的原则,有利于对设想进行评价和集中。

卡片式智力激励法又称为卡片法,具体又包括CBS法和NBS法两种。CBS法由日本创造开发研究所所长高桥诚改进而成,其特点是可以对每个人提出的设想进行质询和评价;NBS法是日本广播电台开发的一种智力激励法。

默写式智力激励法是无参照扩散法的一种,由联邦德国创造学家荷立创造,其特点是用书面畅述来激励智力。具体做法是:每次有6人同时参加会议,每人在5分钟之内用书面的形式提出3个设想,因此又称为635法。会议开始时,由主持人宣布会议议题,允许与会者提出质疑并进行解释,然后给每人发3张卡片。第一个5分钟内,每人针对议题在卡片上填写3个设想,然后将卡片传给右邻的与会者。第二个5分钟内,每人从别人的3个设想中得到新的启发,再在卡片上填写3个新的设想,然后将设想的卡片再传给右邻的与会者。这样,卡片在半小时内可传递6次,一共可产生108个设想。635法可避免许多人因争相发言而使设想遗漏的弊病,其不足是相互激励的气氛没有公开发言方

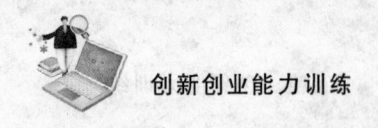

式热烈。

基本要求：

一、会议组织形式

课堂教学主要以班为单位,条件允许的情况下,可以每次组织不同专业或者岗位的5至10人参加;会议时间不易过长,通常控制在1小时左右;会议设一名主持人和一至两名记录员。

二、会议原则

第一,鼓励任意思考、独立思考、畅所欲言,倡导思想自由,要求整个过程互相不交流、不影响;

第二,以数量求质量,鼓励与会人员尽可能多地提出自己的想法;

第三,不必自谦,也不要评论或批判别人,努力营造轻松的环境,充分调动与会人员的积极性;

第四,所有与会人员享有均等的权利,其社会身份和地位在会议上没有任何影响,记录员必须如实记录每个人的观点;

第五,充分借鉴和利用别人的设想来激发自己的想象力,以完善自己的观点。

三、会议主持人

头脑风暴主持人与一般的主持人不同,要求十分熟悉决策问题的背景,能够了解头脑风暴法的处理程序和方法。主持人的思维要活跃,方法要灵活,能够调动现场气氛,并通过组织方式激发与会人员的灵感。事实上,主持人的主要活动仅限于会议开始,与会者的积极性被调动起来以后,就会产生各种新的设想,主持人便只需要按照基本原则予以引导即可。基于以数量求质量的原则,主持人应尽量鼓励与会者多思考、多发言,会议产生的设想越多,主持人的工作也就越成功。

注：主持技巧(主持人注意事项)

1. 会议过程中,主持人应负责维持好现场秩序,指导与会人员轮流发言,每一轮只有一人简要说明一个创意,以免造成辩论会发言不均。

2. 主持人的言辞和语气要格外注意,以赏识激励为主,要让与会人员时刻受到鼓励,以开阔思路、大胆发言为主。常用的语句有："这是个好主意!""说得太好了!""就是这个思路!"等等。阻止和打击性的话语应该尽量避免,比如:"别人说过的就不要重复了"、"这样的想法太牵强了"等等。

3. 为了保证会议能够产生足够多的创意,主持人应不断强调设想的数量,比如平均每5分钟发表10个以上的设想。

4. 主持人要灵活掌握会议现场氛围,当出现暂时冷场时,主持人可以提出稍事休息以给与会人员缓冲的余地,休息的方式各人自定,唱歌、散步或者其他可以让与会人员暂时放松的方法都可以,然后再继续进行。主持人也可以发给每人一张无关主题的图画,请大家畅谈图画带来的灵感。

5.会议持续时间在1小时左右,主持人应注意控制,并保证产生100种以上的设想。根据人的思维特点,往往最佳创意都产生在会议即将结束的时候,因此主持人可以根据情况适当延长5分钟左右,但若1分钟内没有人提出新创意的话,可以暂告一个段落或者结束会议。

四、专家小组

专家小组以10—15人为宜,基本选择原则有三:第一,同一单位的会议中,领导人员不易参加,以免给与会人员造成压力;第二,不同单位的会议中,专家可以来自不同岗位,但不宜宣布专家职称和岗位,以免造成区别对待;第三,专家越博学越好。

专家小组应包括以下人员:专家会议的主持者、特定专业领域的专家及权威人士。

会议流程

1.会前准备工作

第一步,确定会议主题并提前一段时间通知与会者,以便与会者提前做好准备;

第二步,确定好主持人,要求主持人要对智力激励法本身的基本原则和操作程序十分认同并熟悉,同时对会议的主题也要把握得十分到位。

第三步,由于会议的特殊性,对参与者也要精心挑选,与会者最好来自不同专业或不同岗位,同时十分熟悉智力激励法的基本原则。

第四步,上述各项工作准备妥善以后可以对与会者进行适当的训练,使其跳出常规的思维模式,适应自由思考、自由发言。会前可进行柔化训练,即对缺乏创新锻炼者进行打破常规思考、转变思维角度的训练活动,以减少思维惯性,从单调紧张的工作环境中解放出来,以饱满的创造热情投入到激励设想活动中去。

2.自由畅谈

根据会议原则,针对特定问题自由发挥、畅谈。

3.加工整理

会议过程中提出的问题多数都未经斟酌,加工后才能产生实质性的作用。

第一,增加设想。

会议的第二天由专门人员对与会人员进行追踪,询问其会后新的设想,因为

创新创业能力训练

经过一段时间的沉淀,可能会有更有价值的设想产生,又或者可能将原来的设想进一步完善了。

第二,评价和发展。

这是两个互相联系的方面,即根据一些既定的标准进行筛选判断和综合改善。标准应该根据具体问题拟定,可以包括:设想的可行性、成本、可能产生的效果等等。

参与人员可以是提出设想的与会人员,但最好是问题的负责人,人数最好是5人。

综合训练

铅笔、橡皮、纸、铅笔刀、钢笔、文具盒,以小组为单位,每个组选择其中的一种,尽可能多地列出它的功能。

要求:

1. 每组人数在6人左右。
2. 限时15分钟。

第四单元　提升创新技能

在英文中有这样一句话:"上帝每制造一个困难,就会同时制造三个解决问题的方法。"中国也有这样的俗语:世上无难事,只怕有心人。所以,方法总是有的,而且总是比困难多,只是看你是否善于去发现。

第一节　问题解决能力

【案例一】

一名业务员为了谈成一单生意,在一个目标客户的董事长门外守候着,他请董事长的秘书帮忙传递自己的名片,并且希望能够与董事长面谈。但是由于此类事情频繁发生,董事长没有接受名片反而要求退回,如此反复几次后,董事长忍不住发怒了,他撕掉名片,并且让秘书给这名业务员10元钱,说是买下了名片并让他快点离开。对这种带有侮辱性的行为,一般人都会愤然离去。但这名业务员听完秘书的话之后反而冷静地把钱放进口袋,又拿出一张名片和5元钱,并提高音量说:"我的名片五元一张,我没有零钱找,就再给你一张吧。"办公室内的董事长听到了他的话,没等秘书开口就直接请业务员进去面谈了。后面发生的事情我们不得而知,但这位如此沉着而机智的业务员应该能够应付自如吧。

【案例二】

从小陪伴大家学习的圆珠笔其实也有一段故事。最初的圆珠笔经常会随着笔尖的磨损而发生油墨泄漏,给使用者带来极大的不便。为此,技术人员进行了大量的研究,多数人认为问题出在了笔尖的硬度上,有的人甚至提出采用金刚石做笔尖,但是这些提议最终都因为成本等问题而被搁置。而日本一名男子却考虑到油墨的问题,经过无数次的实验,他发现原有的滚珠在书写15000字左右就会磨损变小而漏出油墨。于是他尝试将笔芯里的油墨控制在能写15000字的容量,这样漏墨的问题便得到了圆满的解决。

什么是问题解决能力

问题:对问题的定义有很多,总结起来无非就是需要解决或回答的题目、矛盾或疑难。

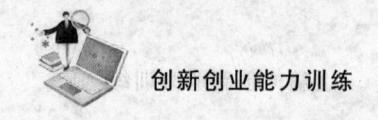

问题解决:就是对问题所涉及的题目、矛盾或疑难给出合适的处理办法。在这个办法的"给出"过程中,需要人们调动和运用自己所掌握的知识、技能和经验,通过思维活动和具体行动来实施,其中思维活动起着至关重要的作用。

问题解决能力:是指一个人面对和处理问题时所表现出来的习惯和行为能力。具体体现为:面对问题时能够主动地、自发地去寻找解决问题的途径和方法,并且表现得有计划、有步骤,方法更加合理、有效。

由此我们可以看出,一个人解决问题能力的高低不能单纯地以成功与否来判断,还取决于他在问题解决过程中的表现及所采取的策略。

问题解决过程:问题解决的完整的过程应该包括对问题的理解和表述、解答方式和途径的寻找、解答方式的尝试或执行、结果的评价。

首先,理解和表述问题。

对问题的准确理解和表述是顺利解决问题的基础,这实际上也是信息处理的过程,它主要是通过对语言的理解来排除干扰项并找出关键所在,然后准确地表述出来。那么,如何全面准确地理解和表述问题呢?我们通常采用所谓的5W1H法,即 what(是什么)、when(时间)、where(地点)、who(谁)、why(为什么)、how(怎么样),也就是说,我们首先要知道"在什么时间、什么地点发生了什么事情?这件事情和谁有关系?为什么会发生这件事情?事情发生时的情形如何?"这就是对问题的全面表述。

其次,寻找解答方式和途径。

有些相对简单的问题,可能在表述的过程中就已经有答案了。但是一些复杂的问题,则需要寻找解决的途径和方式,这可能需要借助经验,也可能需要尝试。

第三,尝试或执行解答方式。

当初步选定一种或几种解答方式以后,就需要进行尝试以验证其可行性和可操作性,从而尽可能地避免可能会引起的不良后果,尤其是一些科学实验。

第四,评价结果。

问题解决的效果如何需要进行核查,核查的过程可以是证实也可以是证伪,也就是验证解答方式的有效性。

如何提高问题解决能力:问题解决能力是职业核心素质之一,也是创新所必备的条件之一,那么怎样才能提高问题解决能力呢?

首先,放眼全局,提高目标关注能力。

每个人每天的工作时间几乎是一样的,但是工作效率和成果却完全不同,这取决于一个人对目标的专注能力。这种专注力不是说把所有的精力单纯地集中在一件事上,为做事而做事,而是带着全局意识,全面准确地理解整体发展目标,并为之努力。

其次,统筹规划,提高计划管理能力。

历史上著名的巴顿将军曾经说过:"每一次进攻都需要大量的时间做准备,但这并不是无谓地浪费时间,相反,匆忙上阵反而会造成不必要的伤亡。每一场战役都是经过严密计算实现的,没有合理、周密的计划是不会有好结果的。"我们常常说"职场如战场"。那么,作为一个职业人,首先要学会统筹规划自己的时间和工作,计划制订的过程也是发现问题并不断提升自己问题解决能力的过程。不要用"计划赶不上变化"来为自己搪塞,那是因为你的计划还不够周详,客观原因总是有办法克服的。

第三,高瞻远瞩,提高观察预见能力。

职业规划是帮助我们预见未来的具体方法之一。未来的社会竞争日益激烈,我们在专注当下的同时,应该尝试分析预见工作中可能发生的事情,也许是机遇,也许是挑战,也许是阻碍,只要发现了问题的所在,答案就在不远的地方。

第四,坦诚相待,提高沟通交际能力。

在这个高度合作化的时代,每个人都不可能单独完成一项工作或任务。卡内基先生说:"一个人事业的成功因素,只有15%是由他的专业技术决定的,另外的85%则要靠人际关系。"推而广之,一个企业的成功同样既依赖于内部人员的相互沟通与协作,同时也依赖于企业与企业之间甚至地区之间、国家之间的合作。许多个体无法解决的问题,在其他地方可能迎刃而解,这完全仰仗于高超的沟通交际能力。

第五,直面现实,提高矛盾适应能力。

世界的存在本身就是矛盾的存在,在人类世界里,由于个体化的差异,矛盾更是无处不在,但这并不可怕,人类也正是在矛盾不断解决的过程中逐渐进步和发展起来的。敢于正视矛盾、适应矛盾的存在,是发现、解决问题的先决条件之一。不断地打破固定思维,从不同的角度看待问题和矛盾,才是解决问题的正确方式。

第六,活在当下,提高专注与遗忘的能力。

过去很美好,但终究是过去了;未来充满希望,但终究还未到来。当下需要过去的经验,但也要破除旧思维的桎梏;现在需要对未来的憧憬,但也要破除没有实际意义的幻想。专注于当下的工作,投入全部精力,这是问题解决的源动力之一。

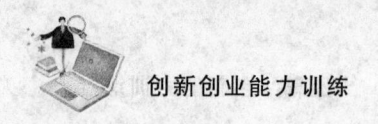

第七,身体力行,提高执行力。

计划很周详,思维很缜密,但是最终都要依靠执行力来实现。这是问题解决的关键之一。

在工作和学习中不断地培养和实践上述几种能力,面对问题时处变不惊,你正在慢慢地成长为一名优秀的职业人!

【案例三】

浙江在线杭州6月2日讯 双击电脑桌面上的"领导能力测评"图标,进入测评界面,输入准考证号和密码,用鼠标开始答题。

今天上午,2013年省直公选干部考试笔试开始,浙江工商大学下沙校区、浙江大学紫金港校区2个考点同时开考。

今年选拔干部的笔试形式与往年不同,首次在全省层面采取人机对话测评,笔试弃"笔"改用电脑,电子试卷到底考些什么?

人机对话,考察什么

本次选拔的副厅级和处级职位采用人机对话的电子试卷,一般公务员职位仍是纸笔作答。

本网记者从2013年省直单位竞争性选拔干部工作办公室获悉,这是省级层面首次采用领导能力人机对话测评。试题由权威机构拟定,并由专业团队进行现场指导。

人机对话的笔试不是靠死记硬背,而是重点测试报考者分析问题、解决问题的能力。

"试卷共40道题目,测评时限90分钟,满分100分。"竞争性选拔干部工作办公室相关人士介绍。笔试共有4套试卷,省级机关事业单位、本科高校领导干部和省属企业领导人员职位各1套,处级干部职位1套。

每道试题描述一个领导工作的情景,提出相关问题,并列出了个数不等的解决措施,要求应试者对每个措施的有效性进行评估。

每个措施下面有从"1"到"7"的七个数字,表示该措施的有效性程度,"1"表示有效性程度最低,"7"表示有效性程度最高。

"不要对措施进行优劣排序,而要单独地判断该措施解决问题的有效性程度。实质上就是让应试者选择合理、合法、合情的最优方案。"一位相关负责人介绍说。

如此创设笔试题目,目的在于提高考试测评的科学性、针对性,让"干事族"能脱颖而出。

副厅级职位考的是"研判能力"

处长和副处长意见时常不一致,作为分管领导的你该如何协调?

提拔干部时,1名副处级干部符合资格条件,最终却未能任用。这名干部颇有微词,将此事编成短信四处发布。作为分管的副厅长,你如何处理?

学校的校舍、食堂等用房紧张,你作为校长,先解决哪个问题?

这是数位副厅级职位的应试者事后回忆到的试题。绝大部分受访应试者表示,题型新颖、灵活,却更贴近日常工作实际。

一位报考省住房和城乡建设厅副厅长职位的王姓应试者提前1小时交卷,他对人机对话测评方式印象深刻,看似简单,实则难度大。笔试综合考察了政策理论水平、分析问题和解决实际问题的能力。

省委党校副校长一职是本次公选的热门职位,共有141名应试者竞争。应试者方东晓认为,题目主观性较强,不同应试者能给出不同答案,评判措施的权重瞬间也展示出领导水平。

报考宁波大学副校长职位的万健认为,高校领导干部职位的题目设置了学校日常工作的情景,侧重考察了人事、组织等多方面的分析判断能力,这也是对平日工作能力的一次检验。

昨日事成今日考题,基层干部为题叫好

"某环城高速公路是贷款兴建的,车辆行驶要收费,司机为了省钱,不走环城高速,导致市内交通依然拥挤。为了缓解市内交通压力,有人提议,根据城市发展情况,应马上取消其收费,但高速公路投资方不同意。如果你是分管副市长,会采取哪些具体的应对措施?"

这是选拔处级干部的一道人机对话题目。

"考题灵活,案例贴近实际,基本能反映出个人的领导能力。"这是不少应试者对此次考试的普遍感受。

"这个题目对于我们在基层工作的人来说难度不算大。"新昌某街道书记从考场走出来告诉本网记者,"比如有一道题目讲的是一家工厂欠薪,上门讨薪的员工被打伤了,被打伤的员工到县政府上访,面对这种情况县长应该如何处理?我们昨天刚遇到了类似事情,所以对于这些实际操作上的题目,我做起来很顺手。"

"题目重视对干部能力的测评,答题时间比较紧张,40道题得合理分配。"在省直机关工作的一位考生说。

本次领导能力人机测评的分数近期可以查询。根据笔试成绩,每个职位按1:3的比例确定面试人员,6月8日进行面试。

创新创业能力训练

综合训练

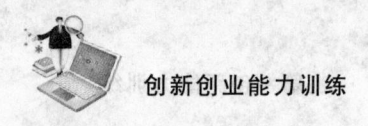

一、数一数下面有几个正方形

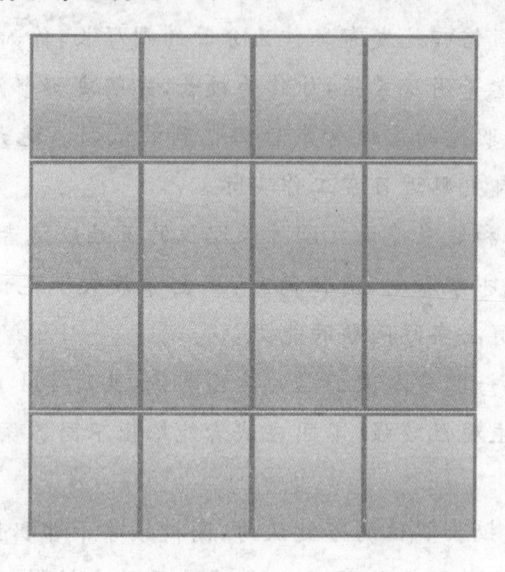

二、当你在工作中遇到以下问题时,你将如何解决

1. 如果你是一位电脑销售经理,你的员工错将一台价值两万元的电脑以一万二的价格卖给了顾客,你怎样写信给顾客才能追回这台电脑呢?

2. 假如你在一家手机工厂的售后服务部门工作。工厂由于失误而导致电池的实际使用寿命只有原本设计的一半,解决方案是免费为购机顾客更换电池或者赠送50元购机代金券。你的上司让你负责给所有购机客户写一封致歉信,并告知他们解决方案,你打算怎么做呢?

3. 假如你是一位博物馆馆长的秘书。有一天,一位高层领导到你所在的博物馆参观,并且向管理人员索要了一块古代城砖作为纪念,但这是不符合规定的。馆长知道以后要求你以馆长的名义写一封信,向该高层领导追回那块砖,你该怎么做呢?

第二节 决策能力

【案例一】

20世纪初,美国贝尔电话公司总裁维尔先生是美国企业历史上一位名不见经传的企业家,却以高效的决策把贝尔公司打造成了世界名企。

维尔的第一个重大决策是改变贝尔公司的管理方式,提出"本公司以服务为目的"的口号,将服务社会大众作为企业管理者的责任。

维尔的第二个重大决策是顶着来自各方的压力实施"公众管制",并将其作为贝尔公司的目标。

维尔的第三个正确决策是建立贝尔研究所,独立研究技术,并使其成为企业界最成功的科学研究机构之一。事实证明,贝尔研究所第一步发展的通讯技术,已使整个北美洲成为一个巨无霸式的自动通讯网。该通讯网后来的发展甚至超出了维尔本人的设想,涉及包括通讯卫星在内的各通讯领域。

维尔职业生涯中的最后一项英明决策是开创一个资金市场。为了保证贝尔公司能够继续以民营形态存在,维尔提出发行一种"AT&T"(美国电话电报公司)普通股,有效地吸收和利用"莎莉姑妈"(中产阶层)手中的闲散资金,保证了贝尔公司充足的资金来源。

尽管维尔的决策在当时并不被世人所理解和接受,但是正是这四项看似离经叛道的创意想法逐步促成了贝尔公司的巨大成功。

什么是决策能力

赫伯·西蒙说:"决策是管理的心脏;管理是由一系列决策组成的;管理就是决策。"识别并理解问题和机遇,比较不同来源的数据得出结论,然后运用有效的方法来选择行动方针或发展适当方法,最后采取行动来应对现有的现实、限制和可能的结果。

决策能力的基本要素

第一,开放的思维和态度。

一个封闭和独断专行的头脑是不可能作出正确决策的。事实上我们看到的每一个决策的灵感都来自众人的集思广益,出发点和落脚点都是民情民意。因此,开放的思维和态度是作出决策必不可少的前提条件,只有这样才能集中各提议的优点以优化自己的思想,最终成就一份可行的方案。

第二,准确的预测能力。

预测是决策的前提,只有在掌握和熟悉相关资料的基础上作出准确的预测,提供决策所需的信息和资料,才能保证决策的准确无误。

第三,果断的决断能力。

博采众长只是基础条件之一,能够排除阻力或者在紧要关头当机立断的决断能力也是必不可少的,延误或从众都会给最终决策带来困扰。

提高决策能力的途径

途径一:提高预测能力。

预测的准确性在一定程度上决定了决策的正确性。预测能力通常包括高度

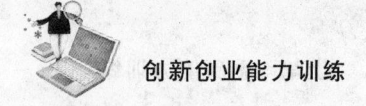

的敏感性、综合分析能力、逻辑推理能力和自信力。这些能力一部分源自于天赋，但更多的还是来自于广博的知识积累和实践经验。因此，想要成为一名出色的决策者，最重要的还是要博览群书，增加自己的知识储备，并不断总结他人和自己的经验教训。

途径二：提高冒险意识。

决策并不是对事情有了十分把握之后所做的决定，因此难免带有风险性，甚至可以说风险与收益是成正比的。想要获得百分之百的收益不可能只承担百分之五十的风险。但是冒险并非是逞匹夫之勇，而是在进行相对充分的调查研究基础上做出的科学行为，具体包括：涉险能力，敢为人之所不敢为；预险能力，能够根据对相关材料的分析预测风险的程度，以便采取相应的对策；御险能力，不仅要意识到风险，更要能够驾驭和控制风险，将风险可能造成的损失降到最低。

途径三：提高心理承受能力。

从某种意义上来讲，决策实际上是决策者的一场心理战，对决策者的挑战有来自于外界的，但更多的是来自于自己。决策的过程未必是一帆风顺的，决策者的提议可能受到来自各方的质疑甚至反对，或者决策在实施的过程中没有设想的那么顺利，等等。决策者对此要有充分的思想准备，能够抵御反对的声音，即使决策偶尔出现偏差也要能够镇定自若地去处理，或者根据实际情况的变化对决策作出相应的调整，不能感情用事。

途径四：提高信息竞争能力。

有人说："信息＋决策＝财富。"在信息技术高度发展的今天，信息甚至直接决定着竞争力，信息的数量、质量以及利用是否得当也关系着决策的成败。因此，要作出正确的决策还应该提高信息竞争能力，扩大信息渠道，并能够在掌握大量信息的基础上对其进行科学合理的判断和分析，从中抽取最有价值的部分，以利于科学的决策。

途径五：提高参与能力。

爱迪生说："用集体智慧创造未来。"这强调的是群体决策的重要性。对决策者来说，"一言堂"往往会导致决策偏差乃至失误。因此，对一个集体来说，建立民主科学的决策制度，提高全员参与能力，是实现决策科学化的前提。具体而言，首先，要提高群体的责任意识和自我意识，以主人翁的姿态参与到决策当中，并在决策过程中起到监督作用；其次，应提高群体的建议能力，即根据要求提出有建设性的意见和建议，以利于作出最终决策；第三，应提高群体的执行能力，决策的最终目的是通过实施实现既定目标，因此群体的实践行动能力尤为重要。

【案例二】

　　荆轲刺秦王的故事作为一段佳话一直流传至今,但从另一个角度来看,这恰恰是领导者决策失误的典型例证。荆轲行刺失败,秦王怒而发兵攻燕,大军压城之际,燕王喜和太子丹仓惶弃都而逃。逃亡中燕王喜为自保而不得不杀了太子丹并献其首级于秦王。即便如此,秦王并未放弃继续讨伐燕国,五年后,燕国终于难逃灭亡的命运。

【案例三】

　　元末,朱元璋凭借出色的军事才能在各大起义队伍中异军突起,仅用四年的时间便攻下了集庆并定为根据地,成为实力最为雄厚的起义队伍之一。但朱元璋并未急于称帝,而是招贤纳士,进行长远部署。他遵照儒生朱升"高筑墙,广积粮,缓称王"的建议,多管齐下。第一,大力发展农业生产,做好充足的粮食储备;第二,在政治上尽量保持低姿态,为进一步提升实力赢得时间;第三,加强军事训练,推行民兵制度;第四,加强军民关系,"惠爱加于民,法度行于军";第五,礼贤下士,广纳贤才,最终为一统中原奠定了坚实的基础。

　　分析上述两段历史故事,你得到什么启示?(进一步思考:假如你是当时的决策者,面对秦国的日益强大和威胁,你会作出怎样的决策?分析一下朱元璋作出决策的依据和思维过程。)

综合训练

舍得之间

　　西武集团与新日本钢铁公司、三菱重工企业集团并称为日本三大企业集团。它能发展到今日的成就与其总裁堤义明的几个重要决策是分不开的。西武集团原本的主要产业是房地产,在堤义明成为集团总裁的第二年时,日本东京的房地产行业突然变得炙手可热,就在许多著名企业转而投资房地产的时候,堤义明却决定撤出东京的房地产业。

　　许多人不理解他,集团内部以"八大金刚"为首的多数人提出了反对意见。对此,堤义明解释说,他觉得市场供求应该平衡,炒房过热最终只会出现泡沫,东京房地产投资的好景不会太长的。无论众人怎样反对,堤义明始终坚持自己的观点。一年之后,东京房地产业果然如堤义明所说几乎全盘崩溃,而果断撤出的堤义明成了最大的受益者。

　　思考:堤义明作出决策的根据是什么?

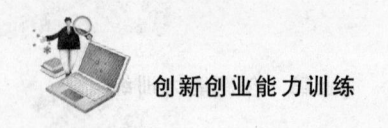

第三节 应变能力

【案例一】

海航招聘1500名空姐、空少 现场考核应变能力

中新网太原3月25日电（吕玮） 记者25日从海航太原运营基地获悉，海航2013年将在全国范围内计划招聘1500人，除形象、气质、文化修养、个人素质等条件要求外，此次还将综合考核应聘者在职业潜力、表现力、应变能力等方面的能力。

据介绍，此次招聘要求应聘者要有大专及本科学历，年龄在18至25岁之间；硕士学历则是27岁以下的青年男女均可报名参加。女性身高要求为1.65～1.75米，男性身高要求为1.73～1.85米。

1993年，海航集团创立，至今已有20周年。据了解，此次活动录取的应聘者中将选拔一批1993年出生的表现优秀者，将其纳入海航新人培养计划，并为其提供万元成长基金。

此外，海航还将在本年度空中乘务员招聘工作中，选拔10名面试表现优秀但家境贫困的应聘者加入海航"圆梦基金"计划，在其职业生涯成长过程中给予经济扶持。

什么是应变能力

应变能力是每一个现代人都应当具备的基本能力之一。在信息技术飞速发展的今天，作为一个社会人，时刻都要面对瞬息万变的世界。古人从宏观的角度讲，良好的应变能力能够帮助一个人跟得上时代的步伐，把握机会接受挑战；从微观的角度讲，良好的应变能力能够帮助一个人从容应对任何场合。

应变能力从字面上来看就是应对变化的能力，具体是指具有行为能力的人在面对外来变化时所作出的反应，这种反应有时候是出于本能，有时候是经过深思熟虑后作出的最终决策。

应变能力良好的表现

第一，具有创新意识和独立思考能力，既不因循守旧也不例行公事；

第二，善于发现问题，敢于提出问题并给出不同的解决方案，善于总结经验教训；

第三，能够集思广益，博采众长，敢于承认并及时改正错误；

第四，永不满足于现状，善于在成就中寻找差距并及时弥补。

提高应变能力的方法

每个人的应变能力都不尽相同,原因是多方面的,归结起来包括:一方面是个人先天的因素,比如粘液质的人通常情况下不如多血质的人应变能力高;另一方面则跟每个人所处的生活环境有关,比如长期生活在紧张状态下的人往往比生活在安逸状态下的人的应变能力要更高些。因此,人的应变能力是可以通过后天的培养和锻炼逐渐提高的。

第一,通过加强自身的修养来提高应变能力。

人们通常会用"能言善辩"、"应对自如"等词语来形容一个人应变能力强,历史上以此著称的名人不胜枚举,比如晏子、周恩来总理等。事实上,无论在日常生活还是职场生涯中,真正能够在为人处世方面从容不迫的人多是才学广博、见多识广的人。试想一个思想空洞的人如何言之有物?因此,要提高应变能力首先要通过各种途径努力提高自己的综合素养,见多识广才能胸有成竹,才学广博方能见招拆招。

第二,通过挑战性强的活动来提高应变能力。

古人讲"生于忧患死于安乐",一个人总是处于安逸的环境中容易失去应对变化的意识和能力,因此应该多参加一些挑战性强的活动,遇到的问题多了自然会尽力想办法去解决,久而久之,当能够做到临危不变的时候也意味着应对能力提高了。

第三,通过扩大自己的交际范围来提高应变能力。

人从出生开始就被置于不同的小环境中,比如父母亲人、同学朋友、同事等。在不同的交际圈中需要用不同的技巧和策略去应对,相对而言,在熟悉的圈子内多数人都可以应付自如,而涉足一个陌生的圈子时往往都会紧张甚至不知所措,但实际上这个适应的过程就是锻炼提高应对能力的过程。交际圈不断扩大,结识的人就越多,经验也就越多,人自然也就越稳重、成熟。

第四,通过克服惰性和改正不良习惯来提高应变能力。

人的性格所致的许多弱点,比如惰性、优柔寡断、犹豫不决等都是提高应变能力的克星。惰性会让人回避问题,优柔寡断会让人丧失机遇,犹豫不决会让人延迟决策,最终安于现状。只有彻底改掉这些不良习惯的人,才能够真正地寻求发展,并在发展中逐步提升自己。

【案例二】

"阿香婆"的成功之路

西安太阳食品集团总经理、"太阳锅巴"的创始人李照森在中国民营企业发展史上也算是位传奇人物。1984年,李照森在一盘川菜"鱿鱼锅巴"的启发下开发出了"太阳锅巴",填补了方便食品的空缺,一时间供不应求。1990年8月份"太阳锅巴"月产量已经达到3000吨。然而危机紧随而来,当年11月,工厂的锅巴积压了20万箱,总重量高达1500吨。对此,李照森的判断是市场上假冒伪劣产品影响了"太阳锅巴"的声誉从而造成了产品的滞销,因此他采取了一系列的措施打击这些假冒伪劣产品。

李照森先后采取了四项措施,包括降价销售、内部治假、媒体曝光、防伪标记。但是由于上述措施并未触及问题的根本,所以根本无济于事,整个1991年的销售总额只是上一年的三分之一。接下来的两年里,李照森依然顶住来自各方的压力全力打假,结果到1993年的时候,公司不但没有盈利反而亏损了700万。

当时厂里从上到下怨声一片,很多人甚至认为工厂没有什么希望了。但是李照森反而静下心来重新审视了自己的经营过程,他和他的团队通过总结发现一个问题:每年的10月份是锅巴销售的淡季,由此他们也最终认识到假冒伪劣产品并不是公司亏损的根本原因。

庆幸的是,李照森和他的团队并没有被失败击倒,他们决定换一个角度,暂时放弃锅巴。1994年他们开始投资生产当时尚未十分普及的方便面,取名"三高面"。遗憾的是这并没有给太阳集团带来新的生机,相反,给他们带来的是120万元的净赔款。同年11月,太阳集团开始开发一种叫"助哺宝"的婴儿营养品,最后也由于巨额的广告费不得不选择放弃。

屡战屡败的李照森经过慎重的思考,觉得"东一竿西一竿地打枣"可能会给公司带来更大的损失,不如重新审视当初起家的"太阳锅巴"。1995年初,太阳集团对"太阳锅巴"进行了全新包装,先从天津市场入手,逐渐打开全国市场。同年4月,借着世乒赛的东风,"太阳锅巴"迅速火遍了天津。但随着11月份淡季的到来,"锅巴"销售再次日薄西山。

其实,锅巴并不是太阳集团唯一的产品,"八珍牛肉甜辣酱"销量也相当不错。想到这一点,李照森眼前一亮,也许甜辣酱将成为太阳集团的又一"太阳产品"。经历了多年商场打拼岁月的李照森吸取了"太阳锅巴"的经验和教训,决定先给甜辣酱换一个特色鲜明的名字,于是"阿香婆"这个既有民族特色又有文化韵味的名字应运而生。果然,"阿香婆"一经上市便红遍京津,直至今日,这个名字依然家喻户晓。也许你不知道李照森,但你一定知道"阿香婆"。直至1996年7月份还有690万元亏损的太阳集团在短短一个月内扭亏为盈,10月份便已创利税高达1500万元。这是"阿香婆"的功劳,更是李照森适应市场、应时而动以及高超的应变能力的功劳。

【案例三】

大宴会的小风波

一家星级酒店的豪华宴会厅正在举办一场规模盛大的宴会,前来赴宴的都是业界要人,因此酒店的领导格外地重视。由于当时需要的人手过多,餐饮部不得不抽调了几名尚在实习期的服务生去帮忙。

宴会井然有序地进行着,来宾们畅谈畅饮,现场十分热闹。就在这时,突然传来一位女客的尖叫声。宴会领班和公关部经理迅速赶到,发现原来是一位实习生由于过于紧张而把汤洒在了那位女客的身上。公关部经理立即道歉并安排几名服务员整理现场,然后与领班一起护送女客到房间,又请客房部送来一套干净的制服请女客暂时换上,并把女客的衣服送去快洗。同时,领班侧面打听出女客的内衣尺寸,委托公关部去最近的大商场购买了一套高档内衣。一切安排妥当之后,二人陪女客到小餐厅单独用餐,并致以最真诚的歉意。随后,了解到情况的酒店总经理也专程前来致歉,女客深受感动,反而不好意思起来。一个小波折就这样化解了……

综合训练

一、应变能力测试

生活中时常会有一些意想不到的事情发生,有时会让你不快,有时会影响原定计划,有时甚至可能会导致更为严重的后果。对此,你能够沉着应付吗?请看下面的假设,据实回答。

1. 如果有人在你特别忙碌的时候来找你,你会:
   A. 明显地表现出自己的厌恶之情　　B. 像平常一样打招呼
   C. 直接告诉对方很忙

2. 你请客人来家吃饭,你准备好了但是客人还没来,你会认为:
   A. 再等一会儿吧　　B. 难道他发生了什么事　　C. 可能他不回来了

3. 周末本来约了朋友见面,你到了,朋友却临时打电话说有事儿来不了。你会想:
   A. 还不如不约他,浪费时间　　B. 另外找事情做吧　　C. 太不走运了

4. 本来你的工作进展很顺利,但却因为突发事件不得不延误一些。你会:
   A. 干脆就此放弃　　　　　　　B. 再想其他的办法解决
   C. 很沮丧,觉得困难很多

5. 当你必须跟一个自己不喜欢的人一起工作时,你会想:
   A. 他得依靠我　　B. 尽量对他好一点吧　　C. 他肯定在背后给我搞鬼

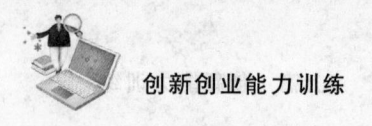

6.当知道他人对你有敌意时,你会:

   A.不予理睬　　　　　　　　　　　　B.控制情绪,免得发生冲突

   C.正常对他,希望他能改变

计分方法:

1、3、4、5 选 B 得一分,A、C 不得分;2 选 A 得一分,其他不得分;6 选 C 得一分,其他不得分。

测试分析:

5—6 分:应变能力很强,能从容应对各种问题;

3—4 分:应变能力不错,但尚需进一步改进;

1—3 分:经常会有挫败感,时常感觉很沮丧。

二、下面是一组测试应变能力的国家公务员面试题目

1.你组织本单位一些退休老同志乘火车旅游,不幸遇上暴雨,导致前方铁轨塌陷,火车无法继续行驶,要修复至少需要一天时间,而此时有部分老同志由于连降暴雨而导致身体不适,这时你怎么办?(2008年1月人大机关面试真题)

2.单位组织一次内部业务培训,由你负责,但参与培训的人员经常逃课、缺课,你该怎么办?(2008年3月重庆国税局面试真题)

3.你对一项工作已经进行了很久的调研工作,这个时候领导突然让别人负责这个工作,你该怎么办?(2008年1月北京边检面试真题)

4.如果录用后被派往驻外使馆工作,你所在国发生内战,局势紧张,你的父母知道后很担心,要求你立即结束任期回国。另一方面你未婚夫也希望你结束任期回国结婚,否则要离开你,但是,你的任期还有一年,而且你的继任者暂时不能上任,你会怎么办?(2008年1月中国外交部面试真题)

5.单位表彰先进个人,具体由你负责先进材料的审核,结果有人反映某个受表彰的人的材料有问题,你会怎么做?(2008年2月宁波检验检疫局、中纪委面试真题)

第四节　信息处理能力

【案例一】

一位化学家的"救蚕之道"

故事发生在19世纪的法国,当时养蚕业和丝绸业是法国重要产业之一。1865年,一场怪病突袭了养蚕业,蚕在即将结茧的时候突然长出胡椒般的斑

点,然后迅速萎缩死亡。蚕农们心急如焚,政府也向各方专家求救,但是效果甚微。最后不得不求助当时著名的化学家路易斯·巴斯德。但是巴斯德对昆虫基本上是一窍不通,于是向昆虫学家法布尔虚心请教,遗憾的是也没得到有效的启发。

巴斯德决定从蚕本身入手,通过认真、仔细的观察,他认为蚕身上的小斑点应该是致病的原因。于是巴斯德决定进行一次实验,他把健康的蚕和生病的蚕分别加水研磨,然后用显微镜进行观察,结果在生病的蚕的研磨物里发现了一种椭圆形状的细菌,这种细菌具有传染性,正是它引发了这场蚕瘟。巴斯德建议在蚕的产卵期就采取措施。蚕农们在巴斯德的带领下烧掉了病蚕,只留下没有被细菌感染过的卵作蚕种。经过6年的努力,蚕瘟终于被消除了,法国的养蚕业和丝绸业得以保存下来。

思考:在这个案例中,巴斯德的做法给了你什么启示?

(提示:巴斯德掌握和利用信息的能力显然对这次危机的化解起着至关重要的作用。)

【案例二】

天气预报的制作

天气预报的制作过程完整地展示了信息收集、加工、传递的过程。在世界不同的角落,许多气象工作者夜以继日地工作着,他们借助先进的高科技气象仪器和设备,收集来自高空、地面、卫星、雷达等各个方位的大气探测信息。气象通讯卫星作为天气预报制作的咽喉环节,它主要负责气象观测资料的高速收集和处理,然后借助各种无线或有线网络传递到相关部门。在我国,国家气象中心统一汇总处理过的气象资料,同时与其他国家气象机构相互交换,之后下发到各气象站和气象台,并制作出预报图表。气象台的气象专家和气象预报员根据接收到的信息,同时综合大气运动规律和随时变化的各种现象进行会商,得出最后的结论,并通过各种媒介(电视、报纸、网络、手机短信息等等)传达给我们。所以,看似只有短短几分钟的气象预报原来经历了这么复杂的过程。

思考:简单说一说天气预报产生的过程。对此,你有什么感想?

什么是信息处理能力

我们通常称现在的时代为信息时代,信息作为现代管理学范畴中无形但无价的资源,对管理、创新等都起着至关重要的作用,可以说,一切创新和发展都是以信息为基础的,因此对信息的处理和利用能力直接决定着一个人乃至一个集体的生存和发展。

信息处理能力：是指在职业活动中运用各种手段和方式对信息资源进行有效的收集、整理、开发和利用的能力。基于上述信息的重要性，信息处理能力可以被看作是一个人职业能力的基础，在一定程度上也影响着一个人对新生事物的接收能力和对职场变化的应对能力。

信息处理过程：信息处理是一个过程，那么信息处理能力就是要能够有效地进行每一个步骤，并将每个步骤完整地连接起来，使信息的作用最终得到有效的利用和发挥。

第一，信息搜集。

信息搜集是信息处理的基础，信息搜集人员、信息搜集途径以及搜集信息的内容都直接决定着信息的质量和有效性。因此，在信息搜集之前应根据信息搜集的目的制订相应的计划，计划具体应包括信息的来源、类型、信息搜集方式和手段等等。

第二，信息分析整理。

通常情况下并不是搜集到的所有信息都是有效信息，对繁杂的信息进行分析也是信息处理能力的一种，而且在信息分类管理的过程中也能加深对它的认识和掌握程度，以便最后有效地利用。这是信息处理过程中的核心环节，通过分析整理后的信息，数量浓缩了，质量提高了，形式也发生了相应的变化，更加有利于传递和利用。总之，信息的分析和整理过程可以看作是一个去粗取精、由表及里、去伪存真、由此及彼的完善过程。

二战时期著名的"霸王行动"就是信息分析错误的结果。当时，盟军计划开辟欧洲第二战场，于是持续不断地对德军散布大量虚假信息，扰乱了德军参谋人员的视线，最终造成了德军决策层的最终失误。

第三，信息分配。

信息的利用要注意时效性和准确性，因此，经过分类和分析以后的信息应及时、准确地传达到相关的单位或部门，以便最大限度地发挥信息的效益，比如新闻。信息分配能力是衡量一个人或者一个单位信息处理能力的重要标志。

第四，信息运用。

个人或者集体在获取、分析、处理信息的基础上不断融入自己的见解，并加以利用，使之产生实际性的效用，这才最终实现了信息的价值。

第五，监督检查。

对一个集体来说，信息被分配到相关部门以后的利用情况也非常重要，因此监督和检查也是必不可少的一环。

综合训练

1. 有个人收购了两枚古钱币,后来又以每枚60元的价格出售了这两枚古钱币,其中一枚赚了20%,而另一枚赔了20%。

   问:与当初他收购这两枚古钱币相比,这个是赚了、赔了还是持平?

2. 小张是一家大型商城的总经理秘书,2013年4月3日上午10:00,她收到一封来自某国际商业媒体的邀请函,请该商城的总经理去参加"国际零售业服务质量评比大会及颁奖典礼"。小张迅速将此事报告给了总经理,总经理决定亲自前往参加,并交待小张抓紧安排相关事宜。

   11:20,小张收到了一家公司的新款空调样机,却没有附带相关的证书和数据指标。小张立即打电话进行联系。

   14:00,下属部门传来一条消息,是市场营销部关于夏季将近之时空调销售的几点建议,小张感觉建议非常及时、合理,于是作了登记,并以电子邮件的形式传给了总经理。

   4月5日上午10:30,总经理参加会议的相关工作均已准备妥当。但是恰巧网上刚刚刊登了一则消息,意思是该国际商业媒体经常组织该类活动,目的只是盈利,并没有实质性的价值。小张立刻致电总经理,建议取消参会计划,获得批准。

   下午商城中层例会时间,有的部门经理反映近期不少同事感染流感,而且顾客中流感患者也很多。小张作了记录,并在会后提出了一些建议,经总经理批示后交由相关部门执行。

   思考:

   (1)你认为小张是个合格的秘书吗?

   (2)小张对接收到的这些信息作了哪些处理工作?如果是你,你会怎么做?

第五节　协调能力

【案例一】

家喻户晓的苹果公司在二十世纪的八九十年代已然是IT行业的领头羊,曾被称为"日不落公司"。当年的苹果公司在乔布斯的带领下为世界电脑事业的发展作出了卓越的贡献,大家所熟知的DOS系统便是苹果公司早年的硕果之一,苹果Ⅰ型、苹果Ⅱ型当年也是炙手可热的产品。苹果公司的300多位员工,人人都是百万富翁。但是时至今日,苹果公司显然已经没有了当年的辉煌,

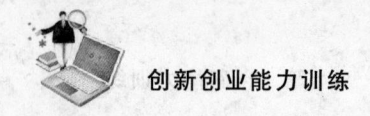

不少人感叹苹果已经随着乔布斯的辞世而一蹶不振。且不管这一言论是否言过其实,我们看到的确实是苹果公司在电脑领域的不断衰败。一些经济学家分析,苹果公司的文化实际上是一种相对封闭、内向化的管理文化,对外它无视其他电脑公司的发展,不与之合作,过于孤立的设计生产理念最终使自己也被孤立了起来;对内它过于强调叛逆文化,从乔布斯自己开始便无视公司的技术人员,也许苹果公司的每个人作为一个个体都是优秀的,但是他们相互之间没有融合,而是互相抵触和排挤,乔布斯和管理天才史卡利便是一个典型的例子,两人的水火不容可以说也是苹果公司逐渐走向衰落的原因之一。苹果公司濒临破产的时候,乔布斯被解雇了,这成了管理学上的一个典型案例,也充分说明了协调能力在管理上的重要性。

【案例二】

与苹果公司的例子不同,福特公司前行政总裁艾克卡可以说是创造了管理历史上的神话。在他传奇的一生中,居然成功打造了两个世界500强企业。在艾克卡担任福特公司行政总裁的三十年间,福特公司事业始终如日中天。随后,艾克卡接手濒临破产的克莱斯勒公司,不仅使其起死回生,而且在五年之内让它重新回到了世界500强企业的行列,这不得不说是一个奇迹。

艾克卡在总结自己成功之道的时候说:"协调能力是一个优秀管理者的一切。"这句话已经充分揭示了两大企业成功的秘诀。接手克莱斯勒公司以后,艾克卡对外对内同时开展了协调工作。对外他成功地整合了国外资源,并说服了国会为这个濒危企业担保贷款;对内他承诺自己下一年度只拿一美元工资,成功地说服了员工们在困难时期暂时降低工资,共度难关。两相统一,艾克卡成功地拯救了克莱斯勒公司。

什么是协调能力

著名的《财富》杂志曾做过一个这样的专访,对象是包括北美银行、可口可乐、美孚石油、沃尔玛、美国通用等在内的世界500强企业的高层主管,问题相当尖锐:你感觉自己在管理中失败的原因是什么?回答出人意料的相似,多数人认为管理、协调能力的不足是失败最大的原因。无独有偶,我国国家行政学院在对市局级领导进行培训的时候曾进行过一次问卷调查,问卷中列举出了工作中必需的十种能力,包括:用人能力、沟通能力、协调能力、决策能力等等,让受训者选择自己认为最需要的能力。最后的统计结果是协调能力以绝对优势排到了首位。由此,我们可以看出,协调能力已经成为现代管理学中最为重要的能力之一,同样,杰出的协调能力也是创新必不可少的能力。

协调能力:是指管理者运用权力、威望并辅助以各种技巧或方法,把各种资源、关系等进行整合以最终实现组织目标的能力。协调能力具体包括人际关系协调能力和工作协调能力。

人际协调能力

人际协调能力又称为社交能力,是人们互相依存、互相沟通、合作并最终谋求个人发展的能力,人际协调的目的是在互相不妨碍的情况下积极配合以利于双方各自的发展。

人际协调能力主要包括以下几个方面:

第一,人际沟通能力。是指借助语言或者其他手段传达自己的信息,并得到别人的理解和认同,从而实现既定的目标。在职场上,与上级、同级、下属之间进行了有效的沟通和信息传递能够保证工作的连贯性、准确性和高效性,才能够保证既定工作目标的实现。

第二,人际交往能力。是指人们在不同的生活环境中,与他人建立良好的心理联系的能力,具体表现为通过倾听、理解、关怀、帮助等具体的方式和手段与他人保持和谐的甚至亲密的人际关系。

第三,人际激励能力。这一点主要是针对管理人员而言的,但事实上对每一个人都有一定的参考意义。每个人都有自我实现、集体归属和社会认同的需要。因此,在与人交际的过程中适当创立共同目标,并激发对方为此而努力的信心和能力,同时辅助以适当的鼓励,都将为实现共同目标起到积极的作用。

人际协调能力的作用

良好的人际协调能力能够有效地聚合分散的力量、化解矛盾,变消极为主动,充分调动各方面的力量,以利于各方面的发展。

工作协调能力

工作协调能力是指在职场中能够上行下效、互相配合,使任务有效地传达和实施的能力,这是作为职场人的一项重要能力。工作协调能力具体包括:组织能力、授权能力、冲突处理能力和下属激励能力。

第一,组织能力。是指能够有效组织人们共同努力以实现共同目标的能力,是有效完成工作任务的重要保证。良好的组织能力来自于组织者明确的目标、坚定的意志、强烈的责任心、丰富的经验、良好的工作习惯等各个方面。

第二,授权能力。这是现代管理学中突出强调的一个重要概念,即在不放弃自身责任的前提下通过他人的努力完成工作、实现目标。授权能力需要知人善任、用人不疑等方面的心理准备和能力作为支撑。

第三,冲突处理能力。在工作中,由于个性的差异、利益纷争等原因难免出现各种问题冲突,有效地避免和解决这些冲突才能促进工作的顺利开展。要避免或

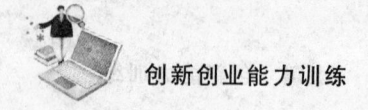

者处理冲突,首先,要勇敢地承认和面对冲突,而不是一味地否认和逃避;其次,要积极地对话、沟通;再次,要怀着一颗宽容的心去看待矛盾冲突,而不要总是强调自己是对的。

第四,下属激励能力。这一点与前面我们讲过的人际协调能力中的人际激励能力大同小异,在这里不再赘述。

综合训练

一、下面是一组训练提高组织协调能力的活动,可以根据需要有选择性地进行

首先选择两名有权威、领导组织能力较强的主持人(课堂活动的话可以由教师充当第一主持人角色,班长进行辅助工作),活动之前对活动的基本情况进行解释说明,明确自己在活动中的地位和作用,引导参训成员互相认识并营造一种和谐、真诚的氛围。(注:班级活动应提前进行分组,每组人数限制在8~10人,以利于活动的开展)

主持人注意事项:

第一,提前10分钟左右做好准备工作;

第二,衣着得体,面带微笑;

第三,两位主持人分工明确,互相配合,以利于活动的顺利进行。

参训者注意事项:

第一,关闭手机或其他通讯工具;

第二,集中注意力,只关注当前的活动;

第三,活动过程中不问为什么,不随意评价他人;

第四,穿着舒适,以利于活动的开展。

活动注意事项:

第一,说真话,坦诚相待;

第二,互相尊重,互相信任;

第三,避免宗教信仰、意识形态等话题。

拓展训练一 我是团体的一员

目的:成员之间互相认识,并通过活动形成团体意识。

道具:A3白纸一张、彩笔一盒、中性笔。(根据成员人数确定,以下同)

活动一:刮大风(主持人语:"西伯利亚的大风刮啊刮,刮啊刮,刮到了穿红色上衣的同学……")穿红色上衣的同学在听到主持人的话后迅速与另一位同学交换位置。以此类推,通过活动重新调整成员位置。(5分钟)

活动二：(主持人语：好，大家再看一下你的左右，相互都认识吗?)自我介绍。(10～15分钟)

活动三：(主持人语：大家互相已经认识了，从现在开始你们将作为一个团队共同完成接下来的任务。为你们的团队起一个响亮的、有个性的名字吧！然后设计一个Logo)活动开始。(15分钟)

总结：通过本次活动，大家对同伴有了初步的认识，并且在起名字和设计Logo的过程中体会到了组织和协作的重要性。那么接下来，我们将面临什么样的挑战呢？大家拭目以待吧。

拓展训练二 认识与众不同的我

目的：通过本组活动，展开一系列的自我探索，使每个人都能正确地认识到自己在组织协调方面的优势和劣势。

道具：卡片、中性笔。

具体内容：(主持人语：我是谁？这是一个永恒的主题，这是哲学的范畴，也是日常生活的概念。我们最熟悉的是自己，最陌生的也是自己，我们往往很难清晰地说出自己的优缺点，常常不清楚自己到底需要什么。这往往是因为我们不能或者不愿意正视自己，那么，下面我们就通过一些活动来对自己"验明正身"，看看到底"我是谁"。)

热身活动：棒打薄情郎(5～10分钟)，目的在于增强团队成员之间的熟悉程度和默契。

活动规则：任意选择一名同学，手拿一个由报纸卷成的大棒，站在团队成员中间。持棒者面对的同学要立即喊出持棒者的名字，喊错或喊不出的就要挨打；持棒者迅速转向下一个同学，直至有人迅速正确地喊出自己的名字为止。然后持棒者将大棒交给该同学，继续下一轮，团队中所有同学都经历一圈以后活动结束。

分享：你的名字被喊错或者没有被喊出的时候有什么感受？名字被立即喊出的时候有什么感受？以后在与别人的交往中应该注意什么？

活动一：我的舞台(20分钟)

每位同学逐一进行一次即兴才艺展示，时间限制在3～5分钟，只要能够展示自己的特长即可。团队成员之间应本着相互肯定和支持的原则，对每一位成员的表演均应报以真诚、热烈的掌声，互相鼓励。

活动二：正确认识与众不同的我(15～20分钟)

(主持人语：我们认识自己总是要通过一些具体的事例，大家在拿到卡片之后请客观地填写，然后从中总结出自己的优势和弱点。)给每位成员分发一张卡片和一支中性笔。卡片上包括的内容：

1.在以往与他人的交往过程中,最让我感到满意的一件事情是____。
2.我以前组织或参加过的活动中最让我感觉自豪的一件事情是____。
3.我在组织或者参加过的活动中展示出来的优势是____。
4.我在组织或者参加过的活动中展示出来的不足是____。

分享:请团队成员谈一谈这次活动中的体会,包括对自己的认识和对主持人的看法。

拓展训练三　认识我的领导才能

目的:每个人都有领导才能,只是不同的人表现的方式和程度不一样。此次活动的目的是使每个人明确认识自己的偏向性,了解如何全面、得当地处理问题,避免矛盾冲突,协调与其他成员的关系,共同实现组织目标。

道具:拍卖活动必备品、问题卡片和一个箱子。

热身活动:信任圈(10分钟)

顾名思义,该活动的目的是增进团队成员之间的信任感,培养团队意识和协作意识。

团队成员手拉手围成一个圈,请其中一位到圈中间。该成员要闭上眼睛,随意倒向任何一个方向,围成圈的成员负责接住他,并让他始终保持在中间位置。每位成员都尝试一次。

分享:刚开始有什么样的感受?慢慢地会有什么样的变化?由此你得出什么结论?

活动一:价值大拍卖(25—30分钟)

(主持人语:每个人的价值观念不同,在面对选择时所作出的决定也不同,那么下面我们来进行一次价值大拍卖。)假设每个人手里有10万元,每次拍卖的起价是1万元,每次最少加价1万元,投出后不可收回,价高者得到此物品。

拍卖物品:

老师和领导的认同和赞许

同学们的支持率

活动过程中开支的节省

活动过程中的宣传

对活动参与者的明确细致的分工

活动组织或参与过程中事无巨细地关注

详细的活动策划方案

同学之间的相互关心和支持

分享:上述各项代表着不同的能力和倾向性,你更倾向于哪个方面或哪些方面?由此可以看出你有哪些不足?然后你应该怎么做呢?

拓展训练四　同舟共济,共达目的地(除热身活动外,可任选一个进行)

目的:通过一些心理游戏使团队成员认识到合理分工、沟通协调的重要意义。

道具:报纸、气球、充气筒、棉线。

具体内容:

热身活动:无条件模仿(10分钟)

目的在于使团队气氛更加融洽和谐。团队中每位成员都随意做出一个简单的动作,无论这个动作多么简单或者怪异,其他人都必须无条件模仿三次,不得拒绝,不得评价。

分享:无条件地模仿别人的动作时有什么感受?自己有意识或者无意识的小动作被同伴模仿时又有什么感受?

活动一:破解千千结(20分钟)

团队所有成员手拉手围成一个圆,要求每位成员记住自己左右手边的同伴,然后主持人下令松开,并随意走动。当主持人再次发出号令时,与刚才左右手边的同伴重新手拉手,这样许多人的手就扣在了一起,形成了一个千千结。主持人要求大家在不松手的前提下解开这个结,重新形成一个圆。两位主持人要注意观察记录,在这个过程中哪些人一直充当着组织领导者的角色,哪些人一直在听从指令。

分享:你在刚才的活动中是怎么想、怎么做的?

活动二:同舟共济(20分钟)

在地上铺一张报纸当作汪洋中的一艘船,每位成员都要站到"船"上。在这个过程中通过不断地折报纸,把"船"逐渐变小,直到最后再也无法保证每位成员的安全为止。最后的"船"最小的团队胜出。

分享:请每个团队代表谈一下他们是如何完成这个任务的,每个人在这次任务中充当的角色是什么。

活动三:我的气球最多(15分钟)

每个组有三种道具:气球若干,充气管一个,棉线一卷。要求只能利用上述道具,不能用嘴吹,一人观察,其他人员参与,按规定标准给气球充气,指定时间内得到气球最多的团队胜出。

分享:每个团队的观察者分享对团队成员的认识,参与者也分享自己的感受。

本项训练总结:如何协作才能保证团队目标的共同实现呢?你通过此项活动认识到了自己的哪些能力?有什么需要改进的地方?

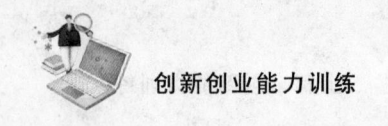

第六节 逻辑思维能力

【小测试】

前提:

1. 有五栋房子,分别为五种不同的颜色
2. 这五栋房子的主人国籍都不同
3. 这五个人每人只喝一种饮料,只抽一种牌子的香烟,只养一种宠物
4. 这五个人养的宠物、抽的香烟、喝的饮料均不同

提示:

1. 英国人住在红房子里
2. 瑞典人养了一条狗
3. 丹麦人喝茶
4. 绿房子在白房子左边
5. 绿房子的主人喝咖啡
6. 抽 PALL MALL 烟的人养了一只鸟
7. 黄房子的主人抽 DUNHILL 烟
8. 中间房子的主人喝牛奶
9. 挪威人住第一间房子
10. 抽混合烟的人住在养猫人的旁边
11. 养马人住在抽 DUNHILL 烟的人旁边
12. 抽 BLUE MASTER 烟的人喝啤酒
13. 德国人抽 PRINCE 烟
14. 挪威人住在蓝房子旁边
15. 抽混合烟的人的邻居喝矿泉水

问题是:谁养鱼? 你想出来了吗?

什么是逻辑思维能力

无论是自然界还是人类社会都充斥着逻辑判断,因此有专家称逻辑思维能力是人类其他众多能力的基础。逻辑思维能力直接决定着一个人的行动能力,逻辑思维能力越强的人其行为的目的性和计划性就越强,因此也更有助于最终达成目标。欧美国家早在多年前就已经开始把逻辑思维能力作为考查人才的重要指标之一。2013 年 2 月,包括清华大学等在内的"华约联盟"七校拟把"逻辑"列为自主招生考试的必考科目。

逻辑思维:即理论思维,是指人们在认识世界的过程中借助概念、推理、判断等思维形式理性、客观地认识事物的过程。

逻辑思维能力：是指对客观事物进行细致的观察、准确的比较、严谨的分析、缜密的综合概括等方面的能力。逻辑思维能力要求思维主体采用科学的逻辑方法，清晰无误地表达自己的思维过程。

逻辑思维能力的一般作用：逻辑思维的缜密性和严谨性有助于我们客观、真实地认识事物，准确无误地表达思想，有利于我们正视错误并纠正错误，进而有助于我们对知识的掌握。

逻辑思维能力在创新中的作用：逻辑思维能力是创新性思维必需的能力之一，较强的逻辑思维能力有助于发现问题，推理出结果，客观地进行评价，甚至可以直接产生创新成果。

提高逻辑思维能力的途径：

1. 增加知识积累，提高知识水平。

无论什么能力都是建立在丰富的知识积累之上的，没有知识作依托一切都是无本之源、空中楼阁，因此丰富的知识储备是提升逻辑思维能力的基础。

2. 发现问题，独立思考。

学习时多提问，有问题才能促进思考，事实上发现问题的过程就是思考的开始。如何把问题组织起来进行恰当地提问，独立思考解决问题的方式方法，都是在锻炼逻辑思维能力。

3. 有意识地锻炼语言能力。

语言的口头表达和书面表达能力都能够充分彰显一个人的逻辑思维能力。不断加强语言表达的条理性训练、语言的通顺流畅性训练、谋篇布局的严密性训练都有助于提升逻辑思维能力。

4. 研究思维过程，掌握思维科学。

人的大脑最多只能同时记忆七个思想，因此要学会进行思想分类并建立相互间的逻辑关系，这可以利用一些科学的思维方法进行。这里我们就介绍一种当前最为流行的方法——金字塔原理。

金字塔原理(Pyramid Principles)

"金字塔原理"来源于 Barbara Minto 早期在麦肯锡的研究工作。该原理认为任何事情都可以用一个中心论点来归纳总结（一级思想，也是主要思想），然后提出3~7个论据（二级思想）进行论证支持，而同时这些论据本身也可以是论点，它们进一步被下属的3~7个论据（三级思想）论证支持，依此类推，画图表示出来的话类似金字塔。"金字塔原理"强调的是结构化、层次性的思考和表达方式。

需要注意的一点是每一层的支持论据相互之间都必须是独立的，不能重叠，这样才能保证逻辑的严密性和准确性。

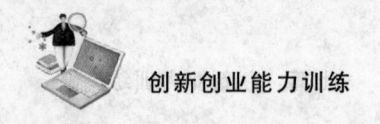

【案例一】

会议通知

张鑫是总经理秘书,总经理让张鑫通知营销部王经理、市场部张经理和企划部刘经理开会,今天或者明天都可以,具体时间让张鑫根据情况来确定。

张鑫当时了解到的情况是:王经理随时有时间;张经理今天出差,晚上回来,明天没有安排;刘经理要去参加一个展销会,今天下午两点之前没有时间。同时,公司小会议室今天被预订了。那么,明天上午9点以后可以开会。张鑫在向总经理汇报之前,用金字塔结构组织了一下,图示如下:

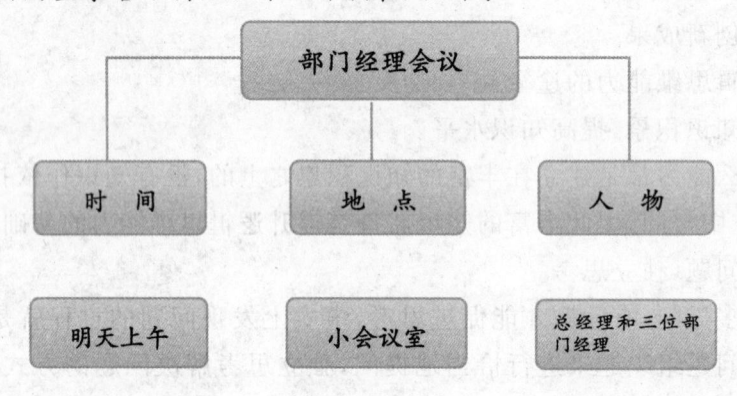

```
          部门经理会议
     ┌────────┼────────┐
   时 间     地 点     人 物
     │        │        │
  明天上午  小会议室  总经理和三位部
                      门经理
```

思考:

你觉得这个金字塔图画得合理吗?如果你是张鑫,你会怎么做?

【案例二】

麦肯锡的一道面试题

有一位面试者在麦肯锡面试时遇到了这样一个问题:中国一年消耗的婴儿纸尿裤大概价值多少钱?

这位面试者并没有直接给出答案,而是这样回答的:首先我们要知道中国的婴儿出生率,目前应该是1.4‰……面试官奇怪地问他是怎么知道的。面试者冷静地说:"2000年中国第五次人口普查时的统计结果是这样的,据此推算的话全国每年出生的婴儿应该大约在1500万,不过农村的孩子现在还没有使用纸尿裤的习惯,也就是说只有城市的孩子才使用纸尿裤。那么城市的孩子到底占多大比例呢?这个没有明确的数字,但是从全国人口的比例来看,农村人口大约占70%,据此大致推算的话每年城市出生的婴儿应该占全国出生婴儿总数的30%,也就是大约450万左右。假如,我们仅仅把婴儿界定在0~1岁,每个婴儿以每天需要一条纸尿裤计算的话,450万婴儿一年要消耗的总数应该是:450万×365×1=16亿(条),以每条1元估算的话,中国一年消耗的婴儿纸尿裤大概价值16亿元人民币。"

思考:你能用"金字塔原理"把面试者的回答画出来吗?

综合训练

一、问路的艺术:怎样提问才有效

张三和李四两个人各有特点,张三跟人说话时只说假话,从来不说真话;而李四向来只说真话,不说假话。而且,张三和李四两个人在遇到别人提问题的时候,不用言语回答而是用点头或摇头来表示答案。一天,王二要去省城办事,却遇到一个问题:他面前有甲船和乙船,两条船中有一条船是驶往省城的,而另一条船是驶往县城的。正当他为难的时候,他遇上了张三和李四。但是他并不认识谁是张三,谁是李四,也不知道"点头"和"摇头"分别代表什么。因此,他必须仔细考虑提出问题的方式和内容,才能判断出哪条船是驶往省城的。那么他该怎样提问才能达到他的目的呢?

二、神探破案:哪个是偷吃点心的人

某一天,钱先生想要去看望一个久未见面的老朋友,于是就买了几盒精美的点心做礼物。可是,没想到他的四个儿子中有人偷吃了这些点心。钱先生非常愤怒,但是他也不知道是哪个儿子偷吃的,所以他就盘问四个儿子谁是偷吃点心的人。他的大儿子说道:"我看见是老二偷吃的。"二儿子说道:"我看见是老四偷吃的。"三儿子说道:"谁偷吃的我没看见,但是我没有偷吃。"四儿子最后说道:"我二哥撒谎了。"现在我们知道,钱先生的四个儿子中只有一个人说的是真话,其余三个儿子说的话都是假的。谁能帮助钱先生查出到底哪一个儿子才是偷吃点心的人呢?

三、谁是杀人犯罪嫌疑人

小明有两个弟弟,分别是小亮和小光。小明的女朋友叫小红,小红有两个姐姐,分别是小紫和小蓝。

这六个人的工作分别是:小明:医生;小紫:医生;小亮:医生;小蓝:律师;小光:律师;小红:律师

这六个人当中有一个人杀了其余五个人中的一个。

第一,如果这个犯罪嫌疑人和死者有一定的血缘关系,那么说明犯罪嫌疑人是男性;

第二,如果这个犯罪嫌疑人和死者没有一定的血缘关系,那么说明犯罪嫌疑人是个医生;

第三,如果这个犯罪嫌疑人和死者的工作一样,那么说明死者是男性;

第四,如果这个犯罪嫌疑人和死者的工作不一样,那么说明死者是女性;

第五,如果这个犯罪嫌疑人和死者的性别一样,那么说明犯罪嫌疑人是个律师；

第六，如果这个犯罪嫌疑人和死者的性别不一样，那么说明死者是个医生。

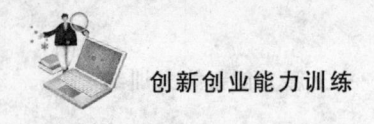

根据上面这六个假设条件，请判断谁是犯罪嫌疑人。

友情提示：根据六个陈述中的假设与结论，判定哪三个陈述组合在一起不会产生矛盾。

四、如何选择正确的道路

有一个外乡人开车经过一个小村庄，这个时候天已经黑了，所以他决定住下来，等天亮了再上路。于是他便寻找可以住宿的宾馆。当他来到一个十字路口的时候，他不知道该怎么选择通往宾馆的道路。他只是知道其中肯定有一条路是通向宾馆的，但是十字路口却没有任何的提示标记，只竖着三块小木牌子。第一块木牌子上说：此路通向宾馆。第二块木牌子上说：此路不通向宾馆。第三块木牌子上说：其余两块木牌子中有一块说的是真话，而另一块说的是假话。请相信我，我说的都是真话。如果你就是这个要住宿的外乡人，把第三块木牌子的话当作依据，你认为你能够找到要住宿的宾馆吗？假如能找到的话，哪块牌子指示的道路通向宾馆？

五、A是哪个村落的人

王五同学暑假里到亚马逊河流域探险。当他走进一片原始森林的时候迷路了，找不到前进的道路。他对照着旅游地图，也找不到正确的路。因为这片原始森林是没有开发的区域，旅游地图上对这片区域没有做出相应的标识。实在没有别的办法了，他打算请求当地的土著帮助找到出路。但是同时他又想起曾经有朋友告诉他说，这个区域生活着两个原始村落——甲村落和乙村落。甲村落和乙村落的人说话正好相反，也就是说甲村落的人说实话，乙村落的人说谎话。就在这个时候，他碰上了一个懂汉语的当地土著A，就问土著A："你生活在甲村落还是乙村落啊？"土著A回答说："甲村落。"于是王五相信了土著A的话。他就跟着土著A走了。走着走着，他们又碰到了土著B，王五就请土著A去问问土著B来自哪个村落。土著A回来说："他说他是甲村落的。"忽然，王五想起了朋友的忠告，所以他又糊涂了，土著A到底是甲村落还是乙村落的人呢？

六、神探破案——谁是凶手

枪声刺破了夜空。当警察赶到出事的酒馆时，发现小李已经倒在血泊中。一颗子弹从他的左耳射入并穿出了脑袋。开枪者颤抖地说："他正在餐馆喝酒，小李突然闯了进来，对他破口大骂，并手执匕首凶狠地向他直扑过来，他开枪是正当防卫。"酒馆的老板也作证说他说的是事实。但警察却认为开枪者是在捏造事实。你知道这是为什么吗？

下篇 创业能力训练

第一单元　培养创业素质

作为一个创业者,首先要具备创业所需的素质,要了解企业以及与企业相关的法律形式,选择适合自己类型的企业,了解与创业相关的法律法规,在创业过程中就会增加许多便利。作为创业者,还要具体了解创业者应该具备的综合能力,包括相关行业专业能力以及沟通、决策等问题解决能力,以应对创业过程中可能会出现的困难,为成功创业奠定基础。

【案例一】

2008年6月,余娜毕业后回到家乡,喜欢自由的她放弃了父亲安排的安稳职位,决定自主创业。因为她喜欢打扮,对皮肤保养、美容化妆也特别有兴趣,所以选择了美容业。利用父母给她的10万元启动资金,余娜开始了创业之路。在最初的半年内,余娜全身心"泡"在店中。每天早上8点半,她准时出现,打扫卫生、整理顾客联系卡、搜集美容资讯,时刻注意行业动向;晚上美容师下班后,她还要独自统计营业额、比较营业报表,身兼清洁员、财务、公关、老板数职于一身。慢慢地,她的小店渐渐走上正轨,由亏损变为盈余。

2009年7月,一家颇有实力的美容连锁机构找到了余娜,希望她能够加盟该机构,并提出了优厚的合作意向条件,余娜也希望通过合作把小店发展壮大,于是很快跟对方签订了合作协议。随着连锁机构专业管理人员的进入,小店快速发展,余娜也渐渐放松身心,开始享受起了幕后"老板"的生活。

然而,两个月后,管理方突然撤换了美容产品,并调整了顾客收费标准,一时间,顾客投诉、供货商要求赔偿等问题不断,余娜向合作方发出责难后才发现,在签订合作协议的时候,她已经将管理权拱手相让。眼看一手打造的小店成了别人的猎物,余娜非常痛心,找律师、打官司,几经折腾,她最终不得不选择了撤资退出。

【案例二】

李明大学毕业后,没有选择直接就业,而是准备自己创业。经过一番考察后,他发现所住的小镇周围有很多农户养鸡,于是决定也办一家养鸡场。由于资金比较缺乏,他和家里人商量用家里的房子作担保向银行申请贷款。

李明得到贷款后立即开始创业前的准备。他首先租了鸡舍,并按照现代化养鸡条件进行装修,接着他为企业购买了设备和原材料,包括现代化的制冷设备、新

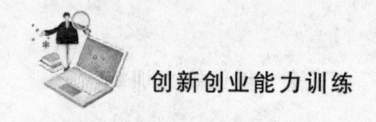

的厢式货车等,他还为自己装修了一间豪华办公室,因为他认为精良的设备、排场的办公场所能帮助企业树立良好的形象,也有助于吸引更多的客户。

一切准备就绪后,李明马上投入到了繁忙的工作中。不幸的是,虽然鸡的需求量很大,客户数量也不在少数,但李明用于付款的现金非常紧张。由于无法支付银行的欠款,银行中止贷款并要求偿还所有债务,李明不得不宣布鸡场破产。银行通过拍卖李明的资产来偿还债务,但仍有大量的债务不能偿还,最终银行决定收回李明抵押的房产。

以上两个案例中两个人在创业之前都对创业表现出很大的兴趣,而且也认真地做了充分准备,在初期也看似取得了不错的效果。但二人的创业最终都失败了,究其原因还在于选择创业时的素质准备不足,对于如何创业并保持创办企业持续盈利认识比较肤浅,主要表现在以下几个方面:

1. 要创办一家企业首先要了解什么是企业、企业如何能够盈利,明确企业运转的规律,才能够在企业经营的过程中进行合理的资金与经营管理。

2. 在企业创办之前以及创办过程中,要做好法律上的准备,要熟悉包括《公司法》等关于企业创办的法律、《消费者权益保护法》等关于创业市场交易活动的法律知识,以及关于创业纠纷解决、规范企业劳动关系等的法律法规。在创业过程中,良好的法律素质可以避免许多不必要的损失,而且即使遇到问题,也可以及时运用相关法律知识进行解决。

3. 创业之前的资金使用要合理分配。特别是在创业初期前后,资金是创业成功与否的重要保障,要尽量避免不必要的开支,尽量将资金用到维持企业的运转上,千万不能为了面子而铺张浪费,致使企业收支不平衡、企业收入小于支出,最终导致企业破产的局面。

第一节 企业及企业类型

一、企业

(一)企业概念

汉语中现在所称的"企业",是从日语中翻译过来的。日语中该词源于英语语系中的"enterprise"。在英语中,"enterprise"的原意为企图冒险从事某项事业,有冒险、胆识、进取心和计划等含义,即被转化为计划并被执行的想法,后来用以指能带来利润的经营组织或经营体。

本书中,企业主要是指以生产或服务满足社会需要,实行自主经营、自负盈亏、独立核算、依法设立的一种盈利性的经济组织。

(二)企业盈利特点

1.企业的盈利是通过商品生产和经营活动来实现的,其生产经营活动以市场为导向组织开展。

2.企业盈利的重要渠道是商品交换,企业通过供应商获取原材料,根据顾客的要求,对原材料进行技术加工,使之成为顾客所需求的商品,然后流入顾客市场,来获取企业发展所需的资金。在这个过程中,企业通过资金的流入和流出实现盈利,如果资金流入大于资金流出,企业就能够盈利。但如果资金流入小于资金流出,企业就会亏损。一个成功经营的企业,就是通过采购、生产、销售,形成连续有效的商品与现金的流通循环,实现企业的盈利。

二、企业的类型

(一)按经营内容划分

按照经营内容,可以将企业划分为四种类型:

1.贸易企业

贸易企业是指进行商品买进卖出的企业。贸易企业在运转过程中,要根据市场规则,收集市场的需求与供应信息,对商品进行比较合理的分配,实现商品的批发与零售。

贸易企业包括进行批发和零售的企业。批发性企业是从制造企业购买商品卖给零售性企业,零售性企业是从批发商或制造商处购买商品卖给顾客。

贸易企业一般要建立在方便顾客购买的地段,外观的设计要醒目,便于顾客发现;要根据顾客需求及时调整商品种类,商品价格要合理,同时利用良好的销售方式引起顾客注意。

2.制造企业

制造企业是进行实物产品生产的企业。制造企业制造产品时要根据市场要求,通过制造过程,将原料转化为可供人们使用和利用的商品。

产品质量是制造企业成功的关键,制造企业一般建立在离原材料比较近并且交通运输比较便利的地区,这样可以节约生产成本,也便于原材料的有效供应和产品的输出。制造企业要通过科学的生产组织,提高生产效率,减少浪费。

3.服务企业

服务企业是为顾客提供服务或劳务的企业,如房屋装修、邮件快递、家庭服务、法律咨询、技术培训等。

服务企业的经营要做到一切以顾客的需求为中心,能够更好地满足顾客的要求,提高顾客的满意度和忠诚度,要建立在方便顾客到达的地段,服务收费要合理,要有可靠的售后服务。

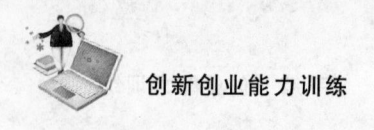

4.农、林、牧、渔业企业

农、林、牧、渔业企业是利用土地或水域进行商品生产的企业,一般进行产品的种植或饲养。随着人们生活水平的提高,绿色无公害、产品新鲜、贴近人们的生活需求,是人们对该类企业提出的要求。同时,进行农、林、牧、渔业生产要注意有效利用土地和水源,不要过度使用资源。

(二)按法律形态划分

我国民营企业的法律形态有多种,个体工商户、个人独资企业、合伙企业、有限责任公司、股份合作制企业等。不同法律形态的企业承担不同的法律责任,也受成立条件的限制。

1.个体工商户

个体工商户是从事工商业经营的自然人或家庭,主要以商铺门店为经营方式,通过零售商品和提供民生服务为手段获得收入,其资产属于私人所有,利润归个人或家庭所有。个体工商户成立的条件很简单,业主只要有相应的经营资金和经营场所就可以了。

2.个人独资企业

个人独资企业,即个人出资经营、归个人所有和控制、由个人承担经营风险和享有全部经营收益的企业,主要从事零售业、手工业、农业、林业、渔业、服务业和家庭作坊等。其财产为投资人个人所有,企业所获得的利润也归个人所有,业主既是经营者,又是经营管理者。个人独资企业成立时要有固定的生产经营场所和必要的生产经营条件,有合法的企业名称和投资人申报的出资,并且要有必要的从业人员。

3.合伙企业

合伙企业是由两个或两个以上的自然人通过签订合伙协议,共同出资经营、共负盈亏、共担风险的企业组织形式。合伙企业中合伙人按照合伙协议分配利润,并共同对企业债务承担无限连带责任。合伙企业成立时要有经营场所和合伙经营的必要条件,要有合伙企业的名称及合伙人的实际出资。

4.有限责任公司

有限责任公司是由两个以上、五十个以下的股东出资设立的,股东以其所认缴的出资额对公司承担有限责任,公司以其全部资产对其债务承担责任的经济组织,股东按出资比例分配利润,并以出资额为限承担有限责任。公司由股东共同制定公司章程,建立符合有限责任公司要求的组织机构,公司成立要有合法的名称、固定的生产经营场所和必要的生产经营条件。

5.股份合作制企业

股份合作制企业资本是以股份为主构成的,企业的股东主要是本企业的职工。股份合作制企业职工既是参股人,又是劳动者,以其所持股份为限对企业承担责任,实现按资按劳分配,权益共享,风险共担。股份合作制企业以企业为法人。

三、小企业

小企业是个人拥有和经营的企业,由企业主进行独立管理,以当地经营为主,在行业内规模相对较小。

在许多国家,高达99%的企业是小企业,小企业吸纳了批发零售业和服务行业的大部分就业人员。几乎在所有国家,小企业是创业者的乐园,小企业创造的价值约占全部企业创造价值的40%。一般来说,各规模企业分布呈金字塔的形状。

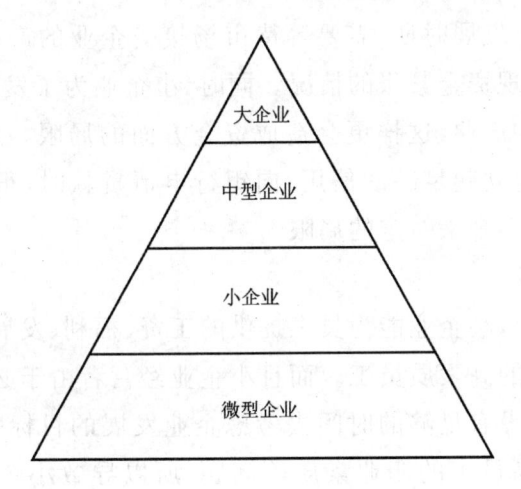

（金字塔图：从上到下依次为 大企业、中型企业、小企业、微型企业）

我们国家提倡创业,主要提倡创办微型和小型企业,并提供了一系列的优惠政策。在市场快速变化的情况下,为满足某个地区的需要,创业者根据自身的优势,创办小型企业,进行周期较短或特殊需求产品的生产,或提供技术维修服务、个别服务等,可以很快取得成功。

（一）小企业的优势

1.创业成本较低

小型创业者一般都会采取一人多职的模式,老板本身可能兼职生产厂长、技术员、业务员等,力求以最少的人力成本获得最大的产出。同时房租、水、电等成本更是能省则省,这些都是规模型企业无法做到的。

2.较强的动力

小企业主为了获取更大的利润,更好地体现自己的价值,一般工作都比较努力,工作时间长,投入的个人精力也比较大。

3.较强的灵活性

小企业的主要竞争优势是机动灵活。与大企业相比,当出现问题的时候,小

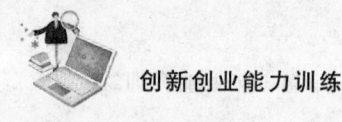

企业因为沟通管道短、产品线比较窄,而且工厂和仓库一般就在市场附近,能够迅速发现问题并作出适当的反应。

4. 较高的效率

小企业一般没有中间管理层,从销售到生产、从技术到企业运营全部都是由老板直接指挥,因此对市场的反馈速度明显快于大中型企业。而且在市场新产品信息反馈的灵敏度上,小企业由于自身生存的压力和对于快速发展的渴望,不断主动寻求着新技术和新产品,一旦获得一定的印证,便会迅速投入,以抢占市场的先机。

(二)小企业的劣势

1. 资金局限

小企业因为处于发展时期,需要等待市场接受企业的产品,这样在企业流通的过程中,经常会出现资金紧张的情况。同时,小企业为了发展壮大,还需要不断地巩固并扩大自己的产业,这样更会造成资金方面的局限。而在融资过程中,因为小企业还不能够建立起足够的信用,向银行申请贷款时,很难像大企业那样受到良好的待遇,因此会带来一定的局限。

2. 员工素质问题

相比较于大企业,小企业能为员工提供的工资、福利、发展机会以及地位会比较弱,难以吸引更多的高素质员工。而且小企业经营者由于必须集中精力应对企业的日常事务,往往没有足够的时间去考虑企业发展的目标等重要问题,更不会过多地考虑如何提高员工的职业素质等问题,所以导致小企业的员工素质相对较低。

3. 单位成本较高

与大企业相比,即使原材料进货渠道相同,小企业也很难获得更多优惠价格。而小企业由于经营规模比较小,所产生的经济效益也要低于大企业,所以小企业的单位成本会比较高。

5. 信誉不足

小企业一般是创办时间比较短的企业,其产品还不能够在消费者中形成广泛的影响,公众在接受时会认为信誉不足。即使小企业在小范围内有良好的声誉和成功,也很难在大范围内发挥重要作用,所以小企业每推出一个新产品或者进入一个新的市场都必须努力证明自身的诚信。

综合训练

一、陶立群的蛋糕店

2006年6月,陶立群从某大学城市学院工商管理专业毕业后,决定开个蛋糕店。他白天顶着烈日逛绍兴市区大大小小的蛋糕店,看门道、想问题,晚上则躲在房间里查资料,了解市场行情。他还跑到杭州、上海等大城市做蛋糕市场的调研,搞可行性分析。陶立群的创业梦想定位在打造本地中高档蛋糕品牌上。2006年年底,第一家"新天烘焙蛋糕店"在绍兴市新建北路5号正式开张,陶立群当上了小老板。他将店面分成两部分,前半部分是自选式的透明橱窗,便于顾客自行挑选,在店铺的一角还摆放着一张圆桌、两张凳子,桌上还放着几本杂志,有点休闲吧的味道;后半部分则用来加工糕点,现做现卖。为节约成本,采购、运货等工作,都由陶立群自己一个人做。优质的用料、独特的口味、人情味的服务,赢得了消费者的喜爱。在2007年的5月和10月,陶立群先后开出第二、第三家连锁店。谈及今后的打算时,陶立群说,他下一步要在蛋糕店的团队建设上下功夫,并且要不断改善店里的蛋糕品种以及销售服务,打响品牌,力争开创更多的连锁蛋糕店。

分析:

1. 陶立群的蛋糕店属于哪种企业类型?具有什么样的特点?
2. 陶立群的蛋糕店成功的原因是什么?

二、"第一研究生面馆"破产记

成都一所高校食品科学系的6名研究生在校期间自筹资金20万元,在一个著名景观旁边开起了"六味面馆"。开面馆的初衷是想以"食品科学研究生"之名来制造广告轰动效应,吸引大量顾客,从而让企业很快盈利。所以面馆还在筹建时期,六位股东就已经把目光放到了5年之后,第一年先把第一家店搞好,积累经验,五年内在成都开20家连锁店。然而,"研究生面馆"开业不久,面馆就出现了经营欠佳的状况,于是投资人准备公开转让。这家当初在成都号称"第一研究生面馆"的餐馆仅仅经营了4个多月,就不得不草草收场。

分析:

1. 面馆创业失败原因是什么?
2. 如果想要面馆继续开张,从企业特性出发,创办者要做好哪些工作?

第二节 与创业相关的政策法规

一、企业创建的法律知识

创业是一种高风险的商务活动,守法是最基本的游戏规则。作为一名创业者,虽然不需要具备非常专业的法律知识,但也必须掌握自己创业所需要的必备法律常识。主要包括以下几种:

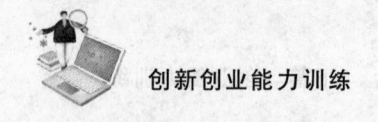

1. 进行工商登记

创业者开办企业,首先要依照《公司法》的有关规定,到工商行政管理机关进行登记,领取营业执照,才能取得法人资格,得到法律认可。这样法律才能够依法有效地保障企业经营者的合法权益,创业者才能开始进行一切创业活动。

不同的创业组织形式自身所存在的法律风险不一样,所以在进行工商登记时,创业者要根据自己的实际情况选择个体工商户、个人合伙、个人独资企业、合伙企业、有限责任公司等企业组织形式。个体工商户、个人合伙、个人独资企业的投资者,对该组织形式的债务承担无限责任或者无限连带责任;普通合伙企业的合伙人、有限合伙企业的普通合伙人对合伙企业承担无限连带责任;而有限合伙企业的有限合伙人则以其认缴的出资额为限对合伙企业债务承担有限责任。

2. 了解基本税收知识

创业者要提高税收意识,依法纳税,合理避税。税收包括流转税和所得税两个基本税种。流转税主要包括增值税和营业税。所得税主要包括企业所得税和个人所得税。国家和地方都制定了一些税收优惠政策,例如:特殊商品(粮食、食用植物油、煤气、沼气、居民用煤制品、图书、报纸、杂志、饲料、农药、化肥、农机、农膜等)增值税率为13%;老、少、边、穷地区企业可以根据情况减免税收;下岗失业人员从事个体经营、合作经营和组织就业的,或者企业吸纳下岗失业人员和安置富余人员的,可以根据情况减免税收。税收优惠措施具有很强的政策性、时效性,不同时间、不同地区具体的优惠政策不同,创业者应当通过咨询税务师等专业人士来尽可能地享受优惠,降低创业成本。

3. 与劳动者签订劳动合同

创业者要根据《劳动合同法》的有关规定,与员工签订劳动合同。劳动合同是劳动者与企业签订的确立劳动关系、明确双方权利和义务的协议,对双方都产生约束,是解决劳动争议的法律依据。

同时,企业要根据国家社会保险法规为企业和职工缴纳社会保险,按时足额缴纳社会保险费,使员工在年老、生病、因公伤残、失业、生育的情况下得到补偿或基本的保障。

4. 特许经营、加盟连锁的创业形式涉及的法律问题

许多创业者采用特许加盟的方式进行创业。特许加盟就是总部和加盟店之间靠合约结合起来的连锁形式,是目前被广泛运用的连锁形式,也是出现问题比较多的形式。

采用该形式的创业者要熟悉《商业特许经营管理条例》,了解特许人的准入标准,签订加盟合同或特许经营合同,按特许经营合同办事,做到合同中没有约定的

按照法律规定的条文处理,没有法律条文的遵循商户们通用的商务惯例、交易习惯。

二、创业政策

国家鼓励大学生创业,对有意愿自主创业的大学生制定了一系列的鼓励政策。

1. 免费的创业培训

有意愿创业的大学生可以参加创业培训和实践,接受普遍的创业教育,系统学习创办企业的知识,完善创业计划,提高企业盈利能力,降低风险,促进创业成功。在校大学生可以选择参加学校开设的创业培训课程和创业实践活动,离校未就业的高校毕业生可向当地人力资源和社会保障部门申请参加创业培训班,如"GYB"(产生你的企业想法)、"SYB"(创办你的企业)、"IYB"(改善你的企业)等。同时,有创业意愿的高校毕业生,可免费获得公共就业服务部门提供的创业指导服务,包括项目开发、方案设计、风险评估、开业指导、融资服务、跟踪扶持等内容。

2. 小额担保贷款和贴息支持

小额担保贷款是指通过政府出资设立担保基金,委托担保机构提供贷款担保,由经办商业银行发放,以解决符合一定条件的待就业人员从事个体经营自筹资金不足的一项贷款业务,主要用作自谋职业、自主创业或合伙经营和组织起来创业的开办经费和流动资金。

登记失业的高校毕业生自主创业时,如果自筹资金不足,可向当地指定银行申请一定额度的小额担保贷款(一般不超过5万元);从事微利项目的,还可获得贴息支持。自愿到西部地区及县以下的基层创业的高校毕业生,自筹资金不足时,也可向当地经办银行申请小额担保贷款;对从事微利项目的,可获得50%的贴息支持。

3. 免收有关行政事业性收费

2007年4月22日国务院办公厅发出《关于切实做好2007年普通高等学校毕业生就业工作的通知》,指出:"对从事个体经营的高校毕业生,除国家限制的行业外,自工商行政管理部门登记注册之日起3年内免交登记类、管理类和证照类的各种行政事业性收费。"

2010年12月22日财政部和国家税务总局公布的《关于支持和促进就业有关税收政策的通知》规定,毕业年度内高校毕业生人员从事个体经营(除建筑业、娱乐业以及销售不动产、转让土地使用权、广告业、房屋中介、桑拿、按摩、网吧、氧吧外)的,自2011年1月1日起,在3年内按每户每年8000元为限额依次扣减其当年实际应缴纳的营业税、城市维护建设税、教育费附加税和个人所得税。

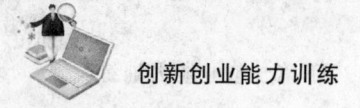

综合训练

一、测试你的法律知识

1. 你想创办的企业类型是（　　）。
   A. 个人独资企业　　　B. 合伙企业　　　C. 有限责任公司
   D. 股份有限公司　　　E. 一人有限公司

2. 若用人单位未与员工签订劳动合同，则员工工作1个月到1年内，公司必须支付给员工规定工资的（　　）倍。
   A. 1倍　　　B. 2倍　　　C. 3倍　　　D. 4倍

3. 不属于劳动法规定的员工保险是（　　）。
   A. 基本养老保险　　　B. 基本医疗保险
   C. 失业保险　　　　　D. 意外伤害保险

4. 你要为你的企业注册，要有哪些程序？

二、半路夭折的开店梦想

小金在校期间，决定和同学一起在学校附近开一家饰品店，于是他和同学一起筹集了2万元资金，向王老板租了一家店面。签《店面租赁协议》的时候，双方说好租期三年，每年租金1万元，先付后用，一年一付，协议签订后小金付清了第一年的1万元租金。接下来小金他们开始对店面进行装修，准备开始营业。这时，一位不速之客突然找到他们，说自己是店面的房东，要求他们停止装修，并且告诉小金，他们和王老板签订的店面租赁合同是无效的，因为王老板无权将店面转租。这对小金他们来说，无疑是晴天霹雳，因为和王老板签协议至今，他们已经交了房租1万元，装修投入5000元，加上进货花去的钱，大家凑的2万元创业资金已经花得差不多了。这个时候不让他们开业，意味着2万元的投入血本无归。

分析：

1. 小金开店夭折的原因是什么？

2. 面对这种状况，小金应该怎么办？

三、思考题

小安大学毕业后想自主创业，但他没有任何经验，也没有参加任何培训，在资金方面也比较缺乏，请你根据你所了解的创业知识为小安支招，他可以通过哪些渠道寻求帮助？

第三节　创业需具备的基本能力

一、专业技术能力

专业技术能力是创业者掌握和运用专业知识进行专业生产的能力,是创业的前提能力。创业者首先要掌握相关的专业技术,这样在创业过程中才能够避免因为专业技术能力不足所带来的损失。

专业技术能力的培养一方面是通过所学的专业知识。创业者在首次创业时最好选择与自己所学专业相关的行业,利用自己所掌握的专业技术来发展自己的企业。另一方面,专业知识和专业技巧的形成具有很强的实践性,可以在实践中逐步提高、发展、完善。同时要注意总结归纳,将实践上升为理论,形成自己的经验特色,不断提高专业技术能力。

二、方法能力

方法能力是指创业者在创业过程中所需要的工作方法,是创业的基础能力。创业者应具备的方法能力主要体现在以下几个方面:

1. 申办企业的能力

作为一个创业者,首先应该清楚如何创办一个企业,譬如需要做好哪些物质准备,需要提供什么证明材料,到哪些部门办哪些手续,怎样办,等等。这是作为一个创业者应具备的能力,这些能力可以通过查阅资料或者专门的培训等方式得到提升。

2. 分析与决策能力

要成为一个成功的创业者,要善于用敏锐的眼光发现机遇,通过对消费者需求分析、市场定位分析、自我实力分析等过程,根据自己的财力、业务范围,依据"最适合自己的市场机会是最好的市场机会"原则,将机遇转化为自己的创业内容或有利条件,以此作出正确决策,实现自己的创业目标。

3. 确定企业布局的能力

创业过程中不可回避的问题是怎样选择企业地理位置、怎样安排企业内部布局、怎样考虑企业性质等,要根据自己所创办企业的类型及规模进行规划,也可以从别人的企业中得到启发,通过迁移和创造来创办自己企业的特色,使企业在同行业市场中占有理想份额,保证企业持续发展。

4. 经营管理能力

经营管理能力是保证企业正常运行发展的能力,包括对雇员选择、使用和优化组合的能力,对资金筹措、分配、使用、流动、增值的能力,对原材料采购、产品推销的能力,搜集、加工、运用信息的能力,对企业规划、决策、实施、管理、评估、反馈

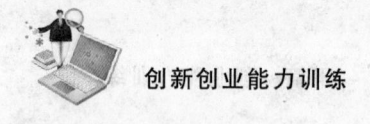

的控制和运筹的能力等。

三、社会能力

社会能力是指创业过程中所需要的行为能力,是创业者应该具备的核心能力,是创业成功的主要保证。创业者需要具备的社会能力主要体现在以下五个方面:

1. 人际交往能力

创业者必须具有较强的人际交往能力,创业者要通过交流合作等方式与消费者、供货商、本行业同仁保持良好的关系,要与本企业雇员保持有效的沟通并增强团队的合作能力,还要与金融和保险机构以及各种管理部门打交道。因此,创业者要有良好的人际交往技能。

2. 谈判能力

企业在发展运行过程中,在供、产、销和售后服务等多种环节都会通过商务谈判解决问题,创业者要善于抓住谈判对手的心理和实质需求,巧妙运用谈判技巧与对手谈判。谈判时要注意使用双赢原则,即自己和对方都能在谈判中获得利益,这样有助于谈判成功。

3. 策划能力

包括企业形象设计策划能力、企业产品品牌策划能力等,通过策划,可以让企业在公众中树立良好的形象,提高市场竞争能力。创业者可以通过信息的收集与分析,深入了解市场和消费者,把握客户需求刺激点,拓展行业知识领域的深度与广度,提升策划能力。

4. 合作能力

创业者首先要有与自己的合作者、雇员合作的团队合作能力,调动团队成员间的协调合作,发挥团队精神,使团队达到最大工作效率。创业者还要具有与相关机构合作的能力,特别是与企业发展相关的部门机构,同时创业者还要有与同行的竞争者合作的能力,要善于站在对方的角度,理解对方,和睦相处。

5. 适应变化和承受挫折的能力

一个企业要想在竞争激烈、变化多端的市场中立足并发展,企业家就必须具有适应变化、利用变化、驾驭变化的能力;在经营过程中,有赔有赚、有成有败,企业家必须具有承担失败和挫折的能力,具有能忍受局部、暂时的损失而获取全局、长期收益的战略胸怀。

综合训练

一、创业者特质自我评估测试

在下列问题中选一个符合你的情况或接近你的情况的描述。

1. A. 不用别人告诉我,我自己就会独立完成一些事情。

B. 如果有人让我开始做，我就会顺利完成。

C. 尽管做起来很简单，但是除非是我必须要做的，否则我是不会做的。

2. A. 我喜欢与人交往，愿意和任何人进行沟通。

B. 我有很多朋友——我不需要其他人了。

C. 我发现大多数的人都很麻烦。

3. A. 当我开始做事的时候，我会让很多人和我一起做。

B. 如果有人告诉我必须做，我会命令别人去做。

C. 我会让其他人去做，不过如果我喜欢，我会一起去做。

4. A. 我愿意负责。

B. 如果必须要我做，我会负责的，但是我宁愿让别人去负责。

C. 周围总有人愿意去显示他们的聪明，就让他们去做吧。

5. A. 我喜欢在事情开始之前做一个计划，我是一个经常将事情安排得井然有序的人。

B. 我会做好大多数事情，但是如果太困难，我就会放弃。

C. 如果有人安排和处理整个事情，那么我更愿意随遇而安。

6. A. 只要需要我就会坚持做的，我不会介意为想做的事情而努力工作。

B. 我会努力工作一段时间，但当觉得够的时候，我就不会做了。

C. 我不会为了一点成就而去努力工作的。

7. A. 我能很快地作出决定，并且大多数都是对的。

B. 如果我有足够多的时间，我就能够作出决定。但是，如果时间很短就作出决定，之后我经常会改变主意。

C. 我不喜欢作决定，因为我经常作出错误的决定。

8. A. 人们相信我说的，我从来不说谎话。

B. 我大多数的时间里都讲真话，但有些时候却做不到。

C. 如果人们不知道事情的真伪，我为什么要讲真话呢？

9. A. 如果我决心做什么事情，任何情况都不能阻止我完成它。

B. 如果不犯什么错误，我通常会完成我的事情。

C. 如果事情进展不顺，我就会放弃，何必为此烦恼呢。

10. A. 我的健康状况非常好，总是精力充沛。

B. 我有足够的精力去做我想做的事情。

C. 在我的朋友看来，我总是力不从心。

测试分析：

大多数是 A，例如 7—10 个，你是个称职的创业者。

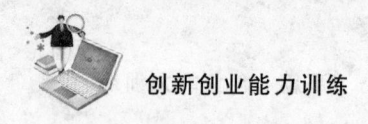

少数是 A,多数是 B,例如小于 7 个 A 或者 7—10 个 B,当你试图自己去经营一个企业时,你可能会遭遇到很多困难。给你一个好的建议,就是找到一个或两个能够弥补你劣势的合作者。

大多数是 C,例如 7—10 个,立刻就创办和经营一个企业目前对于你来说可能不是一个可行的选择。如果你希望从事创业,那么就要努力锻炼创业者所必需的能力。另外,你可以在一个企业里工作或从事其他你更感兴趣的工作。总之,你不要气馁。

二、谁能当业主?

阿兰家附近有一个旅游胜地,每到旅游旺季时游客住宿就会比较困难。阿兰了解到这种情况后原打算在村里办一个旅店,但经过反复思考以后,她觉得自己的想法不现实:首先,村里的人太保守,他们不会欢迎陌生人到村里住;其次,村子离公路干线太远,很难吸引到游客;另外,这个地区经常阴雨连绵,旅客住下后没有其他娱乐项目,会觉得比较无聊。

邻村的阿红也打算在村里办个旅店,首先,她向村里人宣传自己的想法,使大家相信小旅店也能赚钱,而且不会打扰村里人的生活;其次,她为区旅游局写了份宣传小册子,还与旅行社和客运公司的人谈了自己的想法。经过努力,各方人士都很赞同她的想法,认为很多旅游者其实喜欢住在村里,旅行社开始和阿红探讨游客进入乡村旅店的路径。

问题:

1. 阿兰和阿红各自的特点是什么?

2. 谁将成为一个好的企业创办者?为什么?

三、你具备一个成功业主的能力和素质吗?

根据自己的实际情况,实事求是地回答下列问题,首先自我评价一下提到的每一项能力或个人素质方面是长处还是弱点,然后把你的创业构思讲给一位家庭成员或与你关系比较密切的朋友听,请他们对你进行评价,然后把他们对你的评价填入表格中。数一数你总共有多少长处、多少弱点。

1. 个人情况方面

承诺——为了创业成功,你需要对你的企业作出承诺。承诺意味着你愿意把你的企业放在最重要的位置上,也意味着你有长期经营企业的打算,你愿意用自己的钱冒创业的风险(你肯这样做,就是你的长处)。

动机——为什么你打算创办自己的企业?如果你确实想成为成功的企业业主,那么,你的企业就很有可能成功(你有这样的动机,便是你的长处)。

诚实——如果你对自己的员工、供应商和客户不诚实,你将有损自己的信誉。

名声不好对生意不利(如果你不是如此,这是你的长处)。

健康——经营企业是一项十分艰苦的工作,它要求创业者有良好的身体素质(你如果身体好,也是一项长处)。

承担风险——没有绝对可靠的企业构思,企业时刻存在倒闭的风险。创办企业的人必须愿意承担风险,当然仅限于合理的、经过深思熟虑的风险(你如果认为如此,就是一项长处)。

决策——在你的企业里,你需要作出重要的决策,不能把决策权让给别人。经营企业时,做艰难的抉择十分重要。你能在难以决断时果断地决定吗(如果你能这样,就是你的长处)?

家庭状况——经营企业需要很多时间,获得家庭的支持非常重要。他们应当赞同你创办企业的计划。拥有家庭的支持是一项优势(你具备这一优势,就是你的长处)。

财务状况——如果你有资金投资自己的企业,赔光了问题也不是很大,算是优势。如果你没有资金投入,完全依赖于创业成功,则处于弱势(如果你资金充足,就是你的一项长处)。

2. 个人技能与知识

技术——这是企业生产产品、提供服务所要具备的实际能力。如果你不具备所需要的技能,这就是你的一个弱点(你有技术,是你的长处)。

对同类企业的了解——如果你对自己创办的这类企业有丰富的知识和经验,你就能避免常见的错误(你懂行,就是你的长处)。

算一算你有多少长处和弱点,看看你是长处多还是弱处多?如果长处多,说明你具有创办企业的潜质。同时列出你认为你在个人素质和技术方面的弱点,并说明你克服这些弱点的办法。

	长处	弱处
自我评估		
家庭成员或朋友的评估意见		
合计		

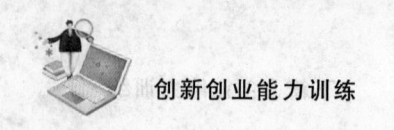

第二单元　寻找创业项目

要成功创业,关键要寻找适合的创业项目。在寻找创业项目时,首先要做好调研,通过调研来了解消费者需求以及现在行业发展状况,以此确定创业项目,并对拟订项目还要通过评估工具进行商机评估,分析项目的可行性。通过撰写创业计划书来理清创业思路,使创业项目顺利实施。

【案例一】

王燕是一个年近六旬的女强人,为人精明强干、做事果断,与当地的上流人物相处得也非常融洽。她经营着山东省青岛市一家很有名的酒店,而且生意特别好。可是,王燕总是觉得自己的生意做得不够大,不上档次。她有几个朋友是搞电镀的,经常跟她说这个行业是如何好做、如何赚钱,她考虑到自己现在的空余时间很多,管理方面自认为也很不错,并且也有资金,所以就决定投资建立电镀厂。

厂房很快盖好了,设备也安装完毕,也通过朋友的关系接到订单了,钱似乎很快要赚到手了。但没有想到,问题暴露出来了。

电镀行业是一个比较特殊的行业,需要请有技术的专业工程师来管理技术,如果产品品质做不好,有再大的业务也是白搭。为此,王燕花高薪从别的厂家挖了两名高工过来主抓技术,本以为这样就一切太平无事了,可事实上并不是这样。作为一个新厂,业务不能正常运转,一开始就要面临亏损。王燕把两名高工骂了一顿后,他们负气离开了。此时王燕还以为像开酒店一样,厨师走了,再招两个。可是,招个不错的高工不是那么容易的事情。一段时间下来,不但电镀厂亏损严重,连酒店也受到了连累。王燕的脾气越来越差,最后甚至生病住了两个月的医院。电镀厂也只能关门大吉。病好以后,王燕再也不考虑做其他的事情,而是专心把酒店的生意打点好。她深刻理解了"隔行如隔山"的道理。

【案例二】

小锋毕业后在淘宝上开了一家主营毛绒玩具的网店,他选择做毛绒玩具有以下几个方面的原因:第一,是因为成本较低,符合他启动资金不多的情况;第二,他经过仔细调研发现网上主营毛绒玩具的店比较少,属于市场空缺的领域,然而现实中人们对毛绒玩具的需求量十分大,尤其是在各个节日档;第三,他有绝佳的货源,该品牌质量不错,而且工厂就在小锋的家附近,他无需存货,进货运费成本也很低。借助该品牌在淘宝上的大量广告,小锋的代理生意也沾了不少光。有了坚定信念的支撑,小锋的网店发展很快,他只用了79天就成功夺下三钻信誉。创业还不足一月,网店的利润居然超过了3000元,月营业额也超过了三万。

以上这两个案例,为什么看上去比较有经验的王燕失败了,而小峰却成功了?这关键在于项目的选择上,简单来说,选择适合创业的中小企业类别,一般还应该注意以下几点:

首先,你提供的商品或所创业的行业应有明显的市场区分。即使在竞争激烈的市场中,也一定能符合某一特定市场的需求,占有一席之地。

其次,你所创业的行业毛利率要高,如果产品的毛利率高,相对的获利也高;如果可以不断地开发产品的附加价值,获利的空间自然也会加大。

第三,要选择民生必需的行业。所谓民生必需行业就是满足日常生活基本需求的行业,即食、衣、住、行、乐等,这些行业往往定位清晰,消费者众多,不论经济是否景气好坏都会需要,因此客源不会缺乏。

第四,要选择充满远景的行业。如果你进入的行业具有前瞻性、有远景,那么时机一到你便会成为第一品牌。切勿去接触一些夕阳行业,没有前景的行业只会使你创业的负担愈来愈重。

第一节 寻找创业项目的方法

创业项目是创业成功的最基本要求,是创业成功的关键,合适的创业项目会对创业成功起到事半功倍的效果。初次创业者在创业时首先要考虑自身的优势,最好选择自己比较擅长的行业技能作为创业项目,但更要考虑顾客的需要以及行业发展前景,要从多方面进行调研,寻找合适的创业机会。

一、环境调研

创业者首先要对创业环境进行调研,包括一般外部环境、社区环境、行业环境等几个方面,创业者要通过创业环境分析获得可能的创业机会。

1. 外部环境分析

创业的外部环境主要是指企业所在的国家或地区的政治、经济、人口、社会文化、科技、资源甚至地理和气候等环境。企业在发展过程中,始终与外部环境进行着信息、物质资源和人才等方面的交流。外部环境的种种变化,可能会给企业带来两种性质不同的影响:一是为企业的生存和发展提供新的机会,二是可能会对企业生存造成威胁。

政治环境主要分析国家政治制度,对不同国家和地区的政策采取或撤消一些

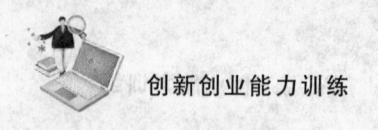

惩罚性措施、增加或减少一些优惠性待遇等。

经济环境主要分析国家的能源和资源状况、交通运输条件、经济增长速度及趋势产业结构、国民生产总值、通货膨胀率、失业率以及农、轻、重比例关系等方面;同时也要分析某一国家(或地区)的国民收入、消费水平、消费结构、物价水平、物价指数等。

社会环境分析包括对社会文化、社会习俗、社会道德观念、社会公众的价值观念、职工的工作态度以及人口统计特征等方面的分析。

另外,创业者需及时了解分析创业地区的新技术、新材料、新产品、新能源的状况,国内外科技总的发展水平和发展趋势,本企业所涉及的技术领域的发展情况,专业渗透范围、产品技术质量检验指标和技术标准等;并注意对地区条件、气候条件、季节因素、使用条件等方面进行分析。

2. 社区环境分析

社区环境分析主要针对社区购买力、社区人口状况、产品或服务的需求和供应等方面。

社区购买力是指企业所在社区居民购买货品和服务的能力,对社区购买力分析主要涉及居民货币收入、流动购买力、购买力投向等方面。

社区人口状况分析包括社区总人口、社区家庭总数和家庭平均人口数、社区人口的年龄构成、职业构成和教育程度等方面。创业者通过了解社区人口状况,可以预测企业未来盈利。

创业者要对顾客所需产品的服务需求和供应进行分析,包括消费者购买动机、消费者购买行为、市场供给调研等方面,以此确定企业经营发展的方向。

3. 行业环境分析

行业是企业赖以生存和发展的空间,是影响企业生产经营活动最直接的外部因素,行业的经济特性、竞争环境以及变化趋势决定着该行业未来的利润和发展前景。

行业经济特性分析包括行业总需求量和市场成长率的分析、买方和卖方的数量及规模分析、产品的价格及质量分析、性能特色的分析等。

行业竞争环境分析主要是对行业内的企业在经营上的差异与战略地位进行分析,包括企业的潜在利润分析,企业各种原料、组件、服务或产品的供应渠道分析,企业产品营销战略分析等。

行业未来发展环境分析包括对相关行业的政策环境、法制环境、市场环境、公众舆论环境等方面的分析。企业可以通过对产品用户的调研,客观了解该行业发展的现状,分析行业的未来发展趋势以及发展空间。

二、市场调研

市场调研是创业过程相当重要的一环。通过对当前消费者和潜在消费者的调研研究,可能会发现一些人们不满意却又比较容易解决的问题,或者发现一些比较容易提供的产品或服务。

1. 市场调研内容

(1) 市场需求调研

市场需求调研主要是对产品供应商、零售商等人群的调研,目的是通过调研找到有需求却没有供应(或短缺)的产品或服务,搜寻由于企业退出业务、暂时歇业等原因可能造成的供应短缺,确定是否仍然有一些客户需要原先的产品或服务,定位并瞄准那些更换他们产品或服务的公司,分析其改变原先运营方式所创造的机会。

市场需求调研还包括对潜在客户的调研,了解客户的需求,确定你所考虑的产品或服务确实有市场。

(2) 产品调研

通过产品调研,可以确认自己准备提供的产品与服务是否有需求,首先是对主流产品或服务的调研,检视可以与该主流产品配套的相关产品或服务,同时确认现有产品和服务中的缺陷,了解这些产品或服务目前还需要进行哪些改变。

其次通过调研,可以对新产品或服务进行创造性思考,分析新产品的优点,研究新产品取代传统产品的可能性。

2. 市场调研步骤

(1) 确定市场调研的目标,并明确需要获取哪些信息;

(2) 策划市场调研的细节,诸如:信息的来源、进行调研的时间和成本、收集信息的方法,逐步形成一个具体的行动计划;

(3) 选择调研样本,决定所要采用的联系方式或访谈方式;

(4) 准备调研问卷和访谈计划;

(5) 收集并分析数据;

(6) 完成调研报告。

市场调研主要是寻找目标市场可能的商机,为自己进入该商业领域提供定性定量依据。一个好的市场调研,要可信、可靠,它是投资的"眼睛",能够帮助创业者确定市场定位和产品价格,进行市场调研的关键是质量、方法和对市场调研深浅程度的把握。

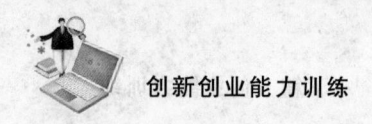

综合训练

一、寻找创业项目

通过市场调研、查阅资料等方式搜集 5-6 个创业项目，根据以下内容进行初步评析，寻找适合自己的创业项目。

评价方面	具体评价问题
创业项目 与 外部环境	是否符合国家政策、地方政策、行业政策甚至国际惯例？
	业务模式是否符合当前消费习惯？还是引导新的消费潮流？
	是否会得到相关的政策优惠或政府扶持？
	行业前景如何？是否属于朝阳产业？
创业项目 与 创业者	创业项目是否符合创业者的知识水平、职业经历和个人特性？
	创业者是否足以承受失败的风险（主要是经济角度）？
	是否具备完整的创业团队？
创业项目 自身	市场需求是否明确、稳定、持久？
	是否有足够的市场容量？市场容量的成长性如何？
	是否具有强大的（包括潜在的）竞争者？是否具有竞争优势？
	市场进入时机是否合适？

二、市场需求调研分析

通过对以下市场需求调研，分析现状及潜在客户群的需求状况，结合自身条件探寻能否从中确定创业项目。

1. 健康行业

_____

_____

2. 饮食行业

_____

_____

3. 生活时尚行业

_____

_____

4. 信息行业

_____

_____

5. 女性用品行业
_____
_____

6. 儿童用品行业
_____
_____

7. 老人用品行业
_____
_____

8. 服务行业
_____
_____

第二节　创业项目商机评估

一、盈利模式评估

盈利模式评估就是评估企业如何做到利润最大化的方法,是企业能够在一段较长时间内稳定维持,并为企业带来源源不断的利润的方法。

1. 要评估企业的盈利模式是否能体现顾客价值,是否能根据顾客需要确定产品和服务。

企业是通过消费者获得利润的,所以对企业盈利模式评估就是对企业如何为顾客创造价值的个性过程进行考察。创办企业的盈利模式要充分考虑顾客需要,顾客是企业赢取利润的重要保证,要从作用功效、价格定位、价值取向等方面确定企业的产品和服务。

2. 要评估企业的盈利模式是否能通过对行业结构的深刻了解来创造性地定位自己的产品和服务价值,从而实现价值杠杆效益。

企业的盈利要与行业的发展相结合,特别是行业中的竞争,行业的竞争激烈程度由行业新进入者、替代品的竞争、买方讨价还价的能力、供应商讨价还价的能力以及现有竞争者之间的竞争决定,行业中最终的获利潜力以及资本向本行业的流向程度决定着企业能否保持高收益。

3. 要评估创办企业是否能把握技术与消费发展的先机,通过整合分散的顾客需求推陈出新,从而建立市场领先地位。

企业要盈利,就要时时把握顾客需求,及时对产品进行换代升级。企业特别

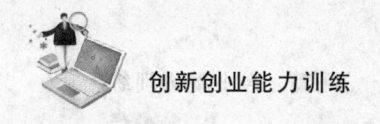

要有提前意识,及早发现产品问题,获取顾客需求信息,引导产品市场消费。

4.要评估企业是否能通过充分利用自身特长来构建业务或价值链,形成自然壁垒,有效遏制竞争对手的攻击。

企业要分析与竞争对手之间的差异,充分发挥自身特长,将产品与消费者、供应商等市场需要充分结合起来,形成有效业务链,培养自己的顾客群。

二、消费者评估

市场评估主要是对企业潜在消费者的评估,也就是对某个地区需要企业的产品(服务)愿意购买且具有购买力的人群。任何成功的企业,都是以市场为导向的,对市场的评估要充分考虑消费者的人口数量、购买力等方面的因素。一个有潜力的市场要做到有足够多的人口以及足够高的购买欲望和购买力。

对消费者的评估,首先要从消费者的年龄、性别、婚姻状况、职业、收入等方面辨别消费者的购买力,以此了解消费者对产品、服务的具体要求;其次,通过了解消费者对目标产品的购买时机、购买地点以及购买方式,开发满足消费者需要的产品,为消费者解决问题,满足他们的需要,引起消费者的购买欲望。这是企业经营最根本的出发点。

企业可以通过以下方法收集消费者的信息:

1.情况推测法(依据经验、观察情况判断)

2.行业信息法(专家、报纸、杂志、网络)

3.抽样调研法(询问法、电话调研法、座谈)

4.观察法(对顾客购物行为观察记录)

5.实地考察法(深入行业收集第一手资料)

三、创业地点评估

创业地点的选择直接影响到创业企业的盈利。无论是商业、服务业、生产制造业或农牧业的选址,都必须注意对拟选经营场所的规划,要考虑水、电、燃气等配置是否完善、消防设施是否合法、交通是否便利等一系列问题。一般要根据自己的经营项目选择创业地点,要根据企业的经营范围和经营定位对企业地点进行评估。

1.商业批发商应尽量靠近专门的成熟的市场。批发业的特点是数量大而利润薄,所以首先要保证生意的成交量。一般来说,成行成市的地方,客户往来多,便于创业者较快地结识更多的客户与供应商,了解更多的商业信息。

2.制造企业选择地址时更多地要考虑是否能比较容易获得生产所需的原材料。由于制造厂需要大量的原料来源,所以制造企业要选在离原料基地较近、地面较广的地方。制造厂往往需要众多的劳动力或高新技术,厂址一般应选择靠近劳动力密集的地方或技术较为密集的市区附近，这样可以减少职工及技术人员的住宿、交通费用开支。

3.农副产品的加工可分为简单加工和深加工，应从资源优势、是否有利于原料的运输和产品外运以及当地政府的政策等因素考虑。

4.评估企业地址是否适合还要考虑经营成本和经营压力。商业活动频繁或商业活动历史悠久的街区，高租金会增加经营成本、经营压力和风险；同行聚集的街道或集市，会聚集较多的消费者，但竞争的压力也会随之增大。

根据评估选定创业地点后，创业者最好亲自到目标所在地进行实地考察，尽可能多地掌握周围环境的第一手资料。实地考察应该包括以下内容：(1)周围小区居民总人口以及消费群体的变化情况；(2)人口构成和密度；(3)性别结构和婚姻状况；(4)所在地消费水平和消费变化；(5)顾客流量；(6)同行业竞争状况；(7)交通条件。

四、SWOT分析法评估

SWOT分析法是一种能够较客观而准确地分析和研究一个单位现实情况的方法，S(strength)代表优势，如良好的产品质量、优势的地理位置等；W(weakness)代表竞争中相对弱势的方面，如缺少关键技术、资金短缺、竞争力差等；O(opportunity)代表对企业有利的事情，具体包括所经营的产品会比较流行、产品会形成新的市场机遇、产品是消费者新的需求等；T(threat)代表对企业不利的事情，如遇到新竞争对手、相关替代产品增多、产品市场紧缩等。具体可以参考下表：

	潜在内部优势(S)	潜在内部劣势(W)
内部条件	产权技术	竞争劣势
	成本优势	设备老化
	竞争优势	战略方向不同
	特殊能力	竞争地位恶化
	产品创新	产品线范围太窄
	具有规模经济	技术开发滞后
	良好的财务资源	营销水平低于同行业其他企业
	高素质的管理人员	管理不善
	公认的行业领先者	不明原因导致的利润率下降
	买主的良好印象	资金拮据
	适应力强的经营战略	相对竞争对手的高成本及其他

续表

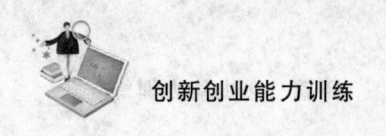

	潜在外部机会(O)	潜在外在威胁(T)
外部环境	纵向一体化 市场增长迅速 可以增加互补产品 能争取到新的用户群 有进入新市场或市场面的可能 有能力进入更好的企业集团 同行业中竞争业绩优良 拓展产品线满足用户需要及其他	市场增长较慢 竞争压力较大 不利的政府政策 新的竞争者进入行业 替代产品销售额正在逐步上升 用户讨价还价能力增强 用户需要与爱好逐步转变 通货膨胀递增及其他

根据 SWOT 法，可以将调查得出的各种因素根据轻重缓急或影响程度等排序，构造 SWOT 矩阵对创办企业进行战略分析。具体如下：

(1) 优势——机会(SO)战略

这是一种利用外部机会发展企业内部优势的战略，是一种理想的战略模式。当企业具有特定方面的优势，而外部环境又能为发挥这种优势提供有利机会时，可以采取该战略。例如，良好的产品市场前景、供应商规模扩大和竞争对手有财务危机等外部条件，配以企业市场份额提高等内在优势，可成为企业收购竞争对手、扩大生产规模的有利条件。

(2) 弱点——机会(WO)战略

这是利用外部机会来弥补内部弱点，使企业转变劣势而获取优势的战略。当企业存在一些内部弱点，妨碍其利用外部机会时，可采取该战略来克服弱点。如企业弱点是原材料供应不足导致开工不足、生产能力闲置、单位成本上升等问题，在产品市场前景看好的前提下，企业可利用供应商扩大规模、新技术设备降价、竞争对手财务危机等机会，保证原材料供应。通过克服这些弱点，企业可进一步利用各种外部机会，降低成本，取得成本优势，最终赢得竞争优势。

(3) 优势——威胁(ST)战略

这是企业利用自身优势，回避或减轻外部威胁所造成影响的战略。当企业面临外部威胁时，可以利用内在优势进行化解。如竞争对手利用新技术大幅度降低成本，给企业带来很大成本压力时，企业可以利用拥有充足的现金、熟练的技术工人和较强的产品开发能力的优势来简化生产工艺过程，提高原材料利用率，降低材料消耗和生产成本。

(4)弱点——威胁(WT)战略

这是一种旨在减少内部弱点、回避外部环境威胁的防御性技术。当企业存在内忧外患时,往往面临生存危机,降低成本也许成为改变劣势的主要措施。当企业成本状况恶化,原材料供应不足、生产能力不够,无法实现规模效益,且设备老化,使企业在成本方面难以有大作为,这时将迫使企业采取目标聚集战略或差异化战略,以回避成本方面的劣势,并回避因成本原因带来的威胁。

企业在完成环境因素分析和SWOT矩阵的构造之后,便可以制订相应的行动计划了。制订计划的基本思路是:发挥优势因素,克服弱点因素,利用机会因素,化解威胁因素;考虑过去,立足当前,着眼未来。运用系统分析的方法,将排列与考虑的各种因素相互联系并加以组合,得出一系列企业未来发展的可选择性对策。

综合训练

一、假如你所在的社区存在以下几个问题,虽然不一定适合你的情况,但能否启发你的创业想法?

1. 在当地的商店里,玩具品种比较少,顾客选择的余地不大。
2. 当地没有令人感到舒服的、可与朋友会面的休闲咖啡店。
3. 社区里不能既快捷又可靠地为住户发运包裹。
4. 当地最近香菇缺货,需要买别的商品来代替。

根据以上问题,提出你的创业构思,并对企业构思进行SWOT分析。

二、小侯的创业之路

小侯大学毕业后走上了创业之路,因为喜欢汽车,同时考虑到随着人们生活水平的提高,买车的人越来越多,而爱车的人一般都比较注重车内装饰,所以他决定开一家汽车饰品店。于是,他先到网上搜集了一些关于汽车消费品的创业项目,并搜索了一些经营汽车饰品的代理商,对各家的产品质量和价位进行了比较,然后选定了一家太原的代理商。经过联系,他和那家代理商签好了协议,交了6000元的加盟费后,就开始租房子、装修、进货。但是饰品店开业后,顾客寥寥无几。尽管店里的饰品很吸引眼球,可是饰品店所处的位置比较偏,路过的车虽然不少,但也仅仅是路过,而且大部分是大货车,根本不会在这样一个地段停车,更不会来买车内饰品。小侯每天都早早开门,很晚才打烊,商品的价位也定得很低,即使这样,开业半年,总共才卖出两三千元的货。这时,房租也到期了,小侯不敢再恋战,把剩下的货放到朋友空着的车库里,从此不再提开店的事。

思考:小侯创业思路不错,但最终却失败了,请分析失败的原因是什么。

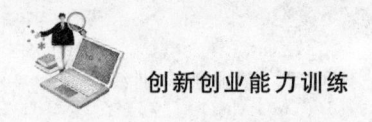

三、通过下面简单的小测试来探寻一下你适合什么样的创业项目？

情人节到了，你打算买什么花送给女友呢？

A. 传统的火红玫瑰

B. 温馨的粉色康乃馨

C. 时尚的香水百合

D. 鲜艳的红色马蹄莲

测试结果分析：

A. 传统的火红玫瑰

你的性格偏向保守，你喜欢做有充分把握的事情，所以对于你而言，最好的理财方式是将大部分资金投放到比较稳当的投资方向，小部分用于中等风险投资。

B. 温馨的粉色康乃馨

你是个相当传统的人，喜欢在有准备的情况下进行冒险并且特别热切地期待收益，因此对你来说最合适的投资方式莫过于将一半的资金用于中等风险投资，然后留出保险等保障费用，其余用于风险投资。

C. 时尚的香水百合

你追逐新鲜的念头，喜欢变化，热爱冒险，做事时没有太多顾忌，想做就做。对于投资也一样，一听到好的项目往往不多想就往前冲。所以对你来说，务必要留出一小部分的资金存入银行以防不测。另外，可靠的实业投资或许是你较好的选择。

D. 鲜艳的红色马蹄莲

虽然你表面上比较低调，但内心却总有惊人的想法，而且常常坚持自己的想法而无法自拔。首先你需要改变对自己过于自信的态度，然后多方面了解较好的投资项目，谨慎出手。对于你，运作良好的基金是较好的选择。

第三节　编制创业计划书

创业计划书是创业者计划创办企业前制订的一份完整的、可执行的书面摘要。编制创业计划书的过程是明确创业思路、确认实施创业过程中各种必需资源、寻求所需支持的过程。创业计划书编制要在市场调查的基础上进行，创业计划书应该包括创业种类、资金规划及资金来源、营销策略等。

一、企业介绍

创业计划书有一种作用是为了吸引投资者、为创业筹集资金，本部分是对企业介绍重点是公司经营理念和战略目标,因为投资者对创业者的素质比较关注,所以在本部分还要交代创业者自己的背景、经历、特长等。

二、行业分析

创业计划书要对创办企业所在的行业进行分析,正确评价所选行业的基本特点、竞争态势以及未来的发展趋势等内容。主要分析以下问题:

1. 关于行业的发展程度以及现在的发展状态。
2. 该行业是如何进行创新和技术进步的。
3. 该行业的销售额、销售发展趋势以及行业产品价格趋向。
4. 经济发展、政府政策对该行业的影响程度。
5. 行业发展的决定性因素。
6. 行业竞争者状况分析以及如何应对竞争者所采取的战略。
7. 如何克服进入本行业的障碍,分析行业回报率。

三、产品介绍

产品介绍是创业计划书中必不可少的一项内容,要提供所有与企业产品有关的细节,包括产品的概念、性能及特性、产品成本与售价、产品市场竞争力、产品研究和开发过程、产品市场前景预测等。

一般来说,产品分析要解决以下问题:产品能够为顾客解决什么样的问题以及顾客能够从产品中获得什么样的好处;如何将创新、独特的产品介绍给顾客;企业产品与竞争对手产品相比的优缺点。

进行产品分析时,创业者要对产品做出详细说明,语言要准确、通俗易懂,一般情况下,还要附上产品原型照片和其他介绍。

四、市场分析

市场分析就是分析企业产品市场的结构规模和划分、市场需求预测、目标顾客和目标市场、竞争厂商和本企业产品的市场地位等。

五、营销策略

企业成功的关键是制订适合的营销策略。影响营销策略的主要因素有消费者特点、产品特性和企业自身状况及市场环境等方面,其中关键影响因素是营销成本和影响效益方面的因素。

所以,企业营销策略要具体说明企业经营的产品定位和品牌策略、产品价格决策、企业市场机构和营销渠道的选择、广告与销售计划的各项成本等,同时还要说明企业顾客体系建制构想以及顾客关系管理运作方式。

六、人员和组织结构

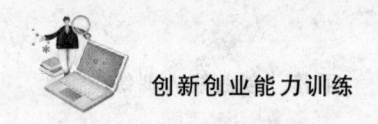

企业经营运转是由人的主动性和创造性决定的,创业计划书要分析如何遵循科学的原则和方法进行人力资源管理。要描述企业的人员与组织机构,阐明主要管理人员,介绍他们的能力以及在本企业中的职务和责任。

在创业计划书中还应描述管理部门的构成及其功能职责、各部门机构负责人及其成员能力要求等,同时还需要分析企业发展所需的人员需求状况,包括近三年人才需求状况分析、人员薪资状况等。

七、财务分析

资金是企业成功的生命线,财务分析包括现金流量表、投资负债表以及损益表的分析等方面。现金流量表反映现金使用情况,特别在企业初创时期,对流动资金需要有预先周详的计划并在运行中严格控制;投资负债表反映的是企业某一时期的经营状况,根据得出的比率指标衡量企业经营状况极有可能的回报率;损益表是对企业运行一段时间后的盈利状况进行预测。创业计划书中财务分析具体可以包括:

1.分析企业的利润构成以及主营业务的比例与发展情况。

2.分析净利与资产总额之间的比率。

3.分析企业负债的构成及连续几年的负债比例。

4.分析企业销售增长以及市场占有情况。

5.分析企业现金流量情况,主要看其现金流量是否正数、销售收入收现比、现金实现水平、应收账款周转率等方面。

6.分析企业成本费用管理水平,包括产品成本的耗费水平变化、主要产品的单位成本、全部产品的总成本、费用支出是否保持稳定等。

7.企业重大经济事项分析,包括企业有无重大投资战略和经营方针、有无较大的诉讼案、有无新的筹资计划或股本改造、国家产业政策的变动、行业发展前景等。

八、募资管理

在本部分中,要分析企业未来三年内的资金需求,以及如何满足需求资金来源。包括资金需求说明、资金使用计划及进度、资金结构及募资形式等方面。

创业者还需要对募资的活力保障或限制条款进行说明,同时对募资后的股权结构变化及关键投资人和经营团队在募资前后的股权数量变化情况进行说明,还要说明资金的具体用途及资金回收方式。

九、风险分析

创业计划书中要对企业发展可能出现的风险进行分析,就是确认投资计划可能附带的风险,以数据方式衡量风险对投资计划的影响。

风险分析即对企业在市场、竞争和技术方面的基本风险进行分析,包括对市场的不确定性、生产的不确定性等风险以及企业在成本控制、研发、管理等方面的风险的分析。对风险进行分析后,还要分析如何应对风险,要对关键性的参数做最好和最坏的设定。

十、证明资料

在创业计划书中,还要列出一些证明资料,比如能够证明各项分析的数据、详细的制造流程与技术方面的数据、各种有公信力的佐证资料以及创业者的详细资料等。

创业计划书是创业实施的规划方案,编写的目的同时是为创业融资、宣传提供依据,所以,创业计划书的编写要展现创业项目的可实现性,要尽可能展现创业项目的前景及收益水平。要做到简洁完整、重点突出,语言要朴实,能让读者准确获知计划书内容,尽量采用图标描述,做到直观形象;同时,创业计划书的数据要详实,要基于前期认真的市场调研和分析,不能随意拼凑数字或凭感觉猜测。

综合训练

一、张华的创业计划

张华毕业后经过多年研究,在室内环境污染治理方面取得了一项重大突破。这项技术如果在实际中应用的话,前景会非常广阔。于是,张华辞掉了原来的工作,准备创业。注册公司后,所有资金全部用尽,他已经无力再招聘员工、准备实验材料了,于是他想到了风险投资,希望通过引入合作伙伴来解决困境。为此,他多次与一些风险投资机构或者个人投资者洽谈。虽然张华反复强调他的技术多么先进、应用前景光明,并保证他的公司将会有很大的回报,但总是难以让对方相信,而且对于投资人询问的多数数据也没有办法提供,如市场需求量具体是多少、一年可以有多大的回报率等,就连招聘一些技术骨干也比较困难,因为他们对公司的前景缺乏信心。

后来,一位做咨询管理的朋友提醒张华,是因为他的技术很少有人懂,而且没有创业计划书,所以没有人相信他。于是,在向相关专家咨询又查阅大量资料后,张华开始从公司的经营宗旨、战略目标出发,对公司的技术、产品、市场销

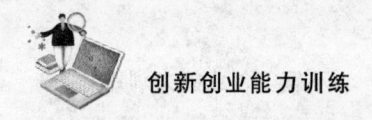

售、资金需求、财务指标、投资收益、投资者的退出等方面进行分析和论证,在这个过程中,他还经常通过市场调查来获取资料。这样,一个多月后他拿出了一份创业计划书初稿,在经过几位专家的指点后,他又对创业计划书进行了修改和完善。凭着这份创业计划书,他很快与一家风险投资公司达成了投资协议,得到了资金支持,员工招聘问题也迎刃而解。如今,他的公司已经营得红红火火。谈到经验,他总结到,创业计划书不仅仅是写一篇文章,计划书编制的过程就是不断理清创业思路的过程,只有创业者自己的思路清楚了,才能让投资者、员工相信你。

思考:

1. 为什么张华最初无法令投资者相信,甚至连招聘员工都比较困难?
2. 创业计划书对张华创业成功起到了什么作用?
3. 如果你打算创业,张华的创业故事对你有何启示?

二、创业计划书答辩

采用个人或分组形式撰写创业计划书,并组织答辩,着重从产品或服务的创意、技术水平、市场前景、公司战略、财务盈利等方面综合评审创业计划书的内容及可行性。

下篇　创业能力训练

第三单元　制订经营方案

创办企业之前首先要制订企业经营方案,包括如何筹集自己的创业资金、制订产品的价格、选择企业经营地址、策划营销方案等。企业经营方案是保证企业能够顺利开展并盈利的基础。

【案例一】

老李下岗后,开办了一家他认为投资少、回报快的小店——风味灌汤包。店面不大,但投资却不少,房租、设备、原料、员工、学习技术等费用加起来有三四万。除了自己的全部储蓄外,他还向朋友借了一万多的外债。小店开张之初的一个多月里,因为有风味小吃的诱惑,每天都是顾客盈门。可是就在一个多月后,风味灌汤包的小吃店如雨后春笋般出现在大街小巷,没过几个月,老李小店的顾客数量明显减少。老李在朋友的建议下,在小店里开始卖其他风味小吃,但生意还是没有多大的起色。这样,在连续亏损两个月后,老李的店就关门大吉了。在还了外债之后,还赔了一万多,这对一个下岗职工来说,并不是个小数目。

【案例二】

从1993年至1999年的7年间,科龙集团以年均38%的利润增长率超速成长,从一个乡镇企业发展成为中国家电巨头之一。而其成功的基石是针对特殊客户群作出适当价值设计,成功地拓展了市场空间,特别是为避免在大城市与其他主要品牌直接冲突,科龙瞄准了有待开发的农村和内陆省份。农村消费者购买能力有限,对产品功能要求不是很高,于是推出了操作简单、价格低廉的"容声"和"容声经济型"冰箱,打开了市场,通过大批量的销售来获得利润。1999年科龙集团销售额达56亿元,净利润6.4亿元,利润率明显高于行业水平。

从以上两个案例可以看出,企业成功的关键在于产品的定位以及相关营销手段的运用。

1. 创业者在选择创业项目时,要做好市场调查和市场预测,寻找市场潜力大、具有发展潜力的创业项目。

2. 创业者要以客户为中心建立产品体系,要明确顾客的偏好和购买能力,并据此及时调整价格策略。

3. 创业者在企业创办之前以及创业过程中要及时调整营销策略,要做好准备之后再创业,切忌盲目跟风,以免导致创业失败。

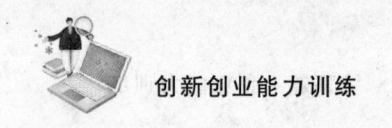

第一节 筹集创业基金

企业创办除了需要经营能力之外,还需要足够的资金。企业在创办和经营过程中如果没有足够的资金支持,就会出现资金断流,造成资金短缺。资金是创业的物质基础,是创业成功的保证,所以创业者要想成功创业首先要筹集足够的资金。

筹集创业资金首先要选择资金筹集渠道,也就是获取资金的途径。创办企业之前就要借助相应的筹资工具,通过筹资渠道获取创业资金。

一般来说,创业资金来源除个人存款外,主要还有以下几种:

一、银行贷款

银行贷款是指银行根据国家政策以一定的利率将资金贷放给资金需要者,并约定期限归还的一种经济行为。

1. 创业者首先要利用政府和银行的优惠政策申请创业贷款。

创业贷款是指具有一定生产经营能力或已经从事生产经营活动的个人,因创业或再创业而提出资金需求申请,经银行认可有效担保后而发放的一种专项贷款。

符合条件的借款人,根据个人的资信状况和偿还能力,最高可获得单笔50万元的贷款支持。创业达到一定规模或成为再就业明星的,还可提出更高额度的贷款申请。创业贷款的期限一般为1年,最长不超过3年。

2. 个人从银行获得贷款的形式主要有五种:信用贷款、保证贷款、抵押贷款、质押贷款、票据贴现。

个人信用贷款是银行或其他金融机构向资信良好的借款人发放的无需提供担保的人民币信用贷款。以个人信用及还款能力为基础,额度一般不会超过10万—20万,借款期是1—2年不等。

担保贷款是指以借款客户提供的担保而向借款人发放的贷款,按担保方式不同分为保证、抵押、质押。保证贷款是指按《中华人民共和国担保法》规定的保证方式,以第三人承诺在借款人不能偿还贷款时,按约定承担连带责任而发放的贷款;质押贷款是指按《中华人民共和国担保法》规定的抵押方式,以借款人或第三人的动产或权利作为质物发放的贷款;抵押贷款是指按《中华人民共和国担保法》规定的抵押方式,以借款人或第三人的财产作为抵押物发放的贷款,抵押贷款的金额一般不超过抵押物评估价的70%,贷款最高限额为30万元。如果创业需要购置商业房,可以拟购房子作抵押,向银行申请商用房抵押贷款,贷款金额一般不超过拟购商业用房评估价值的60%,贷款期限最长不超过10年。办理抵押贷款时应由银行保管抵押物的有关产权证明。

贴现贷款是银行以持票人持有未到期票据为对象所发放的贷款。资金需求者将自己手中未到期的商业票据、银行承兑票据或短期债券向银行或贴现公司要求变成现款,银行或贴现公司(融资公司)收进这些未到期的票据或短期债券,按票面金额扣除贴现日以后的利息后付给现款,等票据到期时再向出票人收款。因此,对持票人来说,贴现是将未到期的票据卖给银行获得流动性现款的行为,这样可提前收回垫支于商业信用的资本,而对银行或贴现公司来说,贴现是与商业信用结合的放款业务。

二、私人借款

私人借款是指创业者向亲戚朋友等的借款行为。私人借款要注意以下问题:

1.借款应有书面借据,借据上写明借款日期、借款金额、还款日期、借款利率,如果借款合同对利息没有约定或者约定不明确的,视为不支付利息。对于借据,应由双方签字;有担保人的,还应注明担保人的担保责任,由担保人签字。借据应一式两份,借款方、出借方各持一份。有担保人的,应一式三份,担保人持一份。

2.民间私人借款的利率可以适当高于银行利率,但最高不得超过银行同类贷款利率的4倍(包含利率本数),借款双方对有无约定利率发生争议,又不能证明的,按无息贷款处理。出借人不得将利息计入本金来牟取高利,对超过按本金计收的利息法律不予保护。

3.一方以欺诈、胁迫等手段或者乘人之危,使对方在违背真实意思的情况下所形成的借贷关系无效。如果无效是由于出借人的行为造成的,只返还本金;如果无效是由于借款人的行为引起的,除返还本金外,还应返还利息。

4.出借人明知借款人是为了进行非法活动而借款的,属于违法的借贷行为,不受法律保护。

5.对于有保证人的借贷债务到期后,债务人有清偿能力的,由债务人承担责任;债务人无能力清偿或者债务人下落不明的,由保证人承担责任,负责清偿到期债务。

三、政府资助

政府资助是政府为扶持创业而采取不同方式的资金扶持行为,创业者根据创业所需向政府提请资助。大学生创业可以通过中国青年创业基金筹措创业启动资金,该基金一般会为创业者提供3万—5万元的无息资金。

中国青年创业基金来源包括国家专门拨款、国内各级政府资助以及国内外各种机构、团体、企事业单位或个人的捐款等。在中国青年创业基金申请资金无需

创新创业能力训练

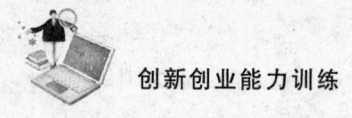

担保和资产抵押,只要有好的创业项目,就可以经基金管理机构审核批准后获得创业贷款。

另外,有较好的创业项目并愿意到西部创业的优秀大学应届毕业生,可以申请中国大学生西部创业基金;拥有自主知识产权、具有良好产业化前景的高新技术项目可以申请科技型中小企业技术创新基金。

综合训练

一、李华有多少钱办企业

李华计划创办一家食品加工企业,他有6500元现金和32000元银行存款,在企业盈利之前,他没有别的收入来源。李华要负担自己和全家的生活开支,每月需要2000元,每个月他还有800元的个人债务。李华计划在一个月内开办企业,估计三个月之后他才能靠企业盈利来支付日常生活费用。

1.填写下表,并计算李华有多少资金可以用来创办自己的企业。

项目	金额(元)
收入	
现有资金	
创办企业前其他收入	
总收入	
支出(今后四个月)	
家庭生活费用	
偿还债务	
其他	
总支出	
可用于办企业资金	

2.李华可以通过哪些渠道继续融资?需要注意什么问题?

3.他可以从银行贷到款吗?为什么?

二、测试你的赚钱能力

以下测试只是对你赚钱能力的简单测试,虽然不能够代表个人全部,但也能说明一些问题。下面的问题很简单,只需要答"是"或"否"就可以了,这些问题也许会对你在创业过程中如何融资有所帮助。

1. 你是否常常筹划怎样找机会赚钱？
2. 你能很快分析当前的形势或问题吗？
3. 做事情时，你能持之以恒、善始善终吗？
4. 你能审时度势，迅速地作出决断吗？
5. 你能和其他人很愉快地工作一段时间吗？
6. 你能坚持不懈地追求生活中你感兴趣的东西吗？
7. 你是否曾为自己制订过赚钱的目标，如1万元或5万元？
8. 在花钱、工作、生活上，你敢承担风险吗？
9. 你对新事物、新观点的反应灵敏吗？
10. 你是否能经受住金钱的考验？
11. 你购买商品时，能否停下来计算一下卖主的盈利额？
12. 你购买大件商品时，是否经常计算成本？
13. 对意外事件，你是否有承受能力？
14. 为了赚钱，你是否能做到不要面子？
15. 有一个能赚钱的项目，你是否愿意借钱在此项目上投资？
16. 你想在股票、债券上投资吗？
17. 你愿意下海经商而不拿固定工资吗？
18. 你在本职工作外还有其他一些专业特长吗？
19. 你是否经常阅读报纸或杂志上有关赚钱的文章？
20. 你是否对商界富豪的经历感兴趣？

以上各题选"是"得1分，选"否"得0分。

12分以下：赚钱能力有待于提高，应该训练一下自己这方面的能力。

12分以上：有较强的赚钱能力和心理基础，可以选择某一项目大胆地去开拓。

第二节　选择创业经营场地

好的经营场地是创业成功的保障，创业者要注意经营场地的选择。对经营小型店面的创业者来说，如何选择店铺的位置尤为重要。创业者要在商圈、潜在客户、交通便利等情况的实地调查基础上，选择理想的经营场地。

一、经营场地选择要点

1. 根据市场调研作出有效商圈分析

商圈调研就是调查分析店铺的销售范围、顾客的特性及其居住环境的地理位

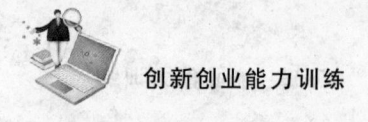

置。因为不同地理位置的商铺,适合经营的种类也有所不同。商圈调查的目的是了解周围的消费群体、人口数量、消费水平,创业者在进行选址时,还要细心地观察商圈的其他情况,如商圈内的客流量与车流量有多大、商圈内的竞争对手有多少等。

一般来说,客流量较大的场所有城市的商业中心、火车站、长途汽车站、公交站点附近、商业步行街、大学校园门口、人气旺盛的旅游景点、大型批发市场门口和大中型居民区等。由于这些地方属于商业集中地段,成功的几率往往比普通地段高出许多。

2. 根据主营商品来确定地址

创业者在选址时,对自己主营的产品及目标消费群体应该有一个清醒的认识,要选择有效客流量比较大的地点,而不仅仅是人流量比较大的地方。比如便利店和中小型发廊适宜开在社区居民区附近,而酒吧和茶坊则适宜开在闹市区附近。

3. 选择交通便利地区

交通的便利性是地址选择时要考虑的重要因素,城市的过街地下通道、公交汽车站、地铁站口等公共交通设施相邻的地方,一般人流量都比较大,更有利于开店。另外街道的拐角处由于位于两条街道的交叉处,是人流的停滞点,可以产生"拐角效应",是设店的好地点。

二、销售类企业地址选择

销售类企业创业成功的关键是经营地址的选择,在进行地址选择时重点要确定商圈范围,通过具体了解销售企业的消费者构成及其特点,确定企业地址选择策略。

1. 便利策略

销售企业进行选址首先要考虑其业态特征,单体规模小、以经营选择性较低的日常生活用品为主的零售业要满足顾客便利的需要;单体规模大、商品品种齐全、以经营选择性较强的商品为主的零售业,原则上应该选在人流多、交通便利的地方。

2. 聚合策略

有些销售企业由于经营业务单一、规模小,所以对顾客的吸引力比较薄弱,自身难以拥有较大的客流量。选址上可以采取聚合策略,即依附大商场或专业街,借助大商场的客源或专业街聚集的人气来扩大影响。比如,麦当劳、肯德基快餐厅几乎都是建在大商场旁边,就是利用这种策略。

3. 人气分析策略

客流量大小是选址决策时必须考虑的重要问题,零售企业的选址要分析该客流的特点。同样一条街道，由于交通条件不同、基础文化娱乐设施不同、通向的地区不同或位置不同都可能会使销售业绩存在很大差异。创办企业要了解客流消费目标，对客流量调查结果进行分析，研究客流路过的目的，从而选择营业地址。

三、制造企业地址选择

制造企业选址需要综合考虑多方面因素，既包括定量的成本因素，又包括定性的区位条件因素。

1. 成本因素

成本是制造企业选址所考虑的重要因素，制造企业需要大量的原材料等生产要素。不同的地区，其价格会有所不同，所以制造企业应选在离原料基地较近的地方，可以节约成本。另外，劳动力和厂房等也是选址时要考虑的问题，选择劳动力丰富并且价格低廉的地区，有利于降低生产经营成本，而企业厂房等固定成本会有地区性的差异。

2. 区位条件因素

制造企业选址考虑所在地区的区位条件，也就是要考虑运输便利程度、地方政策以及生活条件等诸多因素。

对于制造企业来说，产品和原料的运输成本在总成本中均占有较大的比重，在靠近原材料地区选址可以使运输成本最低。

有些地区采取鼓励在当地投资建厂的政策，在当地划出制造工业区，低价出租或出售土地、厂房、仓库，并在税收、资本等方面提供优惠政策，同时专门的制造工业区有利于制造企业之间信息迅速传播、相互刺激发展。

制造企业选址的结果会影响职工的生活，为稳定职工队伍，应该选择职工生活比较方便的地区。厂址一般应靠近劳动密集的地方或技术较为密集的市区附近，这样可以减少职工及技术人员的住宿、交通费用开支。

四、餐饮业选址

餐饮业比其他行业选址要求要高，创业者要结合当地居民的消费习惯、消费水准确定经营方式，确定服务档次，选择店面地址。餐饮企业地址选择要遵循以下原则：

1. 符合市场原则

餐饮企业的地址选择应与客户需要，也就是需求市场相符合。如快餐企业的理想地点是流动人口较多的商业购物区、大中专院校附近、主要交通干道附近等场所；主打高品质菜肴、用餐环境优雅、服务上乘的餐饮企业最好开在高档住宅区、金融机构等所在地区，便于客源市场的商务宴请等。

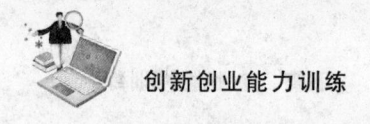

2. 靠近消费群体原则

根据不同的消费群体来选择企业地址,如果主要消费群体为上班职工,可以在公司集中区选址;如果主要消费群体为学生,可以在学校附近选址;如果主要消费群体为休闲人士,可以在商业闹市区或者特色风景区选址。

3. 注重周围环境原则

餐饮企业应选择地势干燥、有给排水条件和电力供应的地区,不得设在易受到污染的区域,还要远离粪坑、污水池、暴露垃圾场(站)、旱厕等污染源所在地,并设置在粉尘、有害气体、放射性物质和其他扩散性污染源的影响范围之外。

4. 符合市政规划原则

餐饮企业选址要符合市政规划要求,创业者要关注所在地区的规划建设计划,选择经济发展和社会治安都稳定的地区。

综合训练

一、假设你要开办一家小型销售类企业,在选址方面你会怎样做?请回答以下几个问题

1. 你的企业将选在什么地方?
2. 你选择这个地方的原因是什么?有何优势?

二、企业选址调研

以小组为单位,根据所选择的不同经营内容,进行选址调研,并制订选址方案。

调研内容包括:

1. 企业将面临的顾客群所在地址。
2. 所经营行业是否已形成优势市场。
3. 拟选地址的客流走向。
4. 拟选地址的房租状况分析。
5. 拟选地址的竞争性分析。
6. 拟选地址的长远发展前景。

根据以上调研内容来撰写选址方案。

三、钓鱼池的启示

台湾天仁茗茶创办人李瑞河在选择第一家店铺的时候,曾经非常犹豫不决。当时,有人给他提议在台南市区开业,但台南已有许多茶行,竞争激烈;也有人建议他到台南市的佳里城或麻豆城开业,理由是那一带尚无茶庄、无竞争对手、比较容易成功。李瑞河一时犹豫不决。

后来,他到儿童乐园看到很多人在园内两个钓鱼池钓鱼,小钓鱼池处挤满了人,而大钓鱼池冷冷清清的只有两三个人。经打探,原来是小鱼池鱼多,不断有人打上鱼来;而大鱼池鱼少,很少有人打上鱼来。李瑞河由钓鱼池豁然开朗,很快就决定了创业地址。

思考:

1. 如果你是李瑞河,你会在哪儿选择你的创业地址?为什么?
2. 请你据此写一份创业选址方案,并作前景预测分析。

第三节　制定产品价格

价格是产品市场价值的货币体现,价格制订影响企业获取利润的大小。创业者要根据产品以及市场状况来制订合理的产品价格,要考虑包括设备、器材等固定成本以及原材料等可变成本,使产品价格高于其可变成本,以保证企业不亏损;同时又要考虑竞争因素,使产品不会因为价格过高而推销不出去。

制定产品价格时,一般采用如下定价方法:

一、成本导向定价法

成本导向定价法是最简单的定价方法,即产品单位成本加上预期利润就为产品的销售价格。利润是售价与成本之间的差额,利润的多少具有一定比例,这种比例就是人们俗称的"几成",因此,人们又将这种方法称为成本加成定价法。

采用这种定价方式:一要准确核算成本;二要确定恰当的利润百分比(即加成率)。依据核算成本的标准不同,成本加成定价法可分为两种:平均成本加成定价法和边际成本加成定价法。

1. 平均成本加成定价法

平均成本是企业在生产经营单位产品时所花费的固定成本和变动成本之和,单位产品的平均成本加上一定比例的单位利润,就是单位产品的价格。用公式表示为:单位产品成本＋单位产品预期利润＝单位产品价格。如一件手工制品的成本是5元,预期利润是2元,则其单位产品价格是5＋2＝7元。

2. 边际成本加成定价法

边际成本加成定价法也称为边际贡献定价法。即在定价时只计算变动成本,而不计算固定成本,在变动成本的基础上加上预期的边际贡献。用公式表示为:单位产品变动成本＋单位产品边际贡献＝单位产品价格。

计算简便是成本加成定价法最大的优势,尤其是能够在市场环境基本稳定的

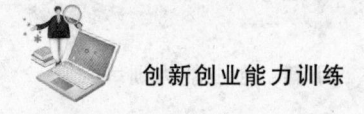

情况下保证企业获得正常利润。不足之处是仅限于对产品本身的成本和预期利润的考虑而将市场需求和竞争等因素排斥在外,这样就很难使企业获得最佳利润,无论是短期的或长期的。

二、需求导向定价法

需求导向定价法并不像成本导向定价法那样由商家定成本,而是从顾客需求出发,根据顾客对产品价值的理解来制订产品价格。这种定价方法分为两类:一是根据消费者心目中对价值的理解程度来确定产品价格水平,这被称作认知价值定价法;二是企业依据消费者对最终销售价格的理解,再根据经营成本和利润逆向推算出产品的批发价和零售价。无论如何,此方法都是以顾客或市场需求为出发点,力争使消费者接受。因此,需求导向定价法又被称为"顾客导向定价法"、"市场导向定价法"。美国卡特匹勒公司为其建筑机械设备定价的方法就是典型的顾客导向定价法。如:同类拖拉机竞争对手售价9万美元,但该公司在9万美元基础上,加7千美元的最佳耐用性价格加成、6千美元的最佳可靠性价格加成、5千美元的最佳服务价格加成、2千美元的零件较长保用期的价格加成,最终产品价格是11万美元。

三、竞争导向定价法

竞争导向定价法是企业在研究竞争对手的生产条件、服务状况、产品性能、价格水平等因素的基础上,结合自身的竞争实力,参照成本和供求来确定产品价格的方法。这类定价方法具体有下述常态:

1. 随行就市定价法

随行就市定价法又称"流行价格定价法",是指企业根据市场竞争格局,跟随行业或部门中主要竞争者的价格,或各企业的平均价格以及市场上一般采用的价格,来确定自己的产品价格。这种定价方法相当普遍,它适用于任何一种市场条件,但完全垄断市场除外。它有利于行业稳定、市场稳定,有助于企业的稳妥前行。

2. 价格领袖定价法

价格领袖定价法又称"寡头定价法",是指在某个行业或部门中,由一家或少数几家大企业首先定价,其他企业参考定价或追随定价,如钢铁、汽车、煤炭、机床、丝绸、烟草、石化等行业普遍实行这种定价方法。

3. 垄断定价法

垄断定价法即一家或少数几家大公司在控制了某种商品的生产和流通时,将该商品价格定得远远超过(或低于)其价值的高价(或低价),使垄断企业及其组织操纵生产或市场,通过高价获得超额利润,借助低价打击竞争者,将竞争者挤出市场。当然,垄断不能肆意为之,它受政策、法律、法规的制约。

4. 密封投标定价法

企业投标时使用的价格。为了中标,企业往往以低于预计竞争者报价的水平来确定自己的报价,而不是严格按照本公司的成本或顾客的需要。

综合训练

一、计算产品价格

某企业投入 80 万元资金生产机械零件。企业的生产能力为每月生产 4.25 万件,厂房、设备等固定成本投入为 40 万元,材料、工资等单位变动成本投入约为每件 6 元,企业要求一年内收回全部固定资产投资,并实现年资金利润率为 30% 的目标。

要求:计算产品价格。

二、 假设你要开一家化妆品店,做过市场调研后填写下表。要求在表的顶端列出所销售的产品。

产品 内容 特征				
竞争者的平均价格				
我的成本预测				
我的价格				
我的定价理由				
产品价格手册				
向谁赊销				
给谁折扣				

三、思考题

李涛在市郊创办了一家砖厂,向建筑工地供砖,每块砖 0.15 元钱。他很担心,因为过去的几个月里他都没有赢利。他已经决定采取更加大胆的促销活动来

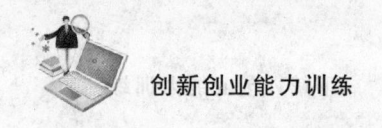

增加他的销售。但结果是虽然他的销售增加了,却赔了更多的钱。

请分析:李涛亏损的原因是什么?

第四节　策划营销方案

市场营销策略是指针对目标市场提供产品、制订价格、分销渠道、促销活动及服务等的活动。理想的战略应该是针对消费者在当前市场中并没有得到满足的需求,并且这些需求具有足够的规模和盈利性。

不同的营销策略会有不同的市场效应。在商品大战中,营销能力决定了能否比竞争者更胜一筹。市场营销方案策划是指企业要预先设定一个预期的市场需求水平,然后企业营销管理者根据实际的市场需求水平与预期的市场需求水平之间的矛盾,采取不同的营销对策,以确保企业目标的实现。

一、确定目标市场

确定目标市场有助于企业进一步发掘市场机会,以充分利用资源取得竞争优势。目标市场是由消费者不同的消费理念和层次形成的不同的消费群体。

企业目标市场的选择标准实质是需求细分,即采用什么标准来区分顾客对一种产品的需求差,企业要从实际情况出发,因地、因时、因产品、因市场、因企业出发,选择比较切合实际的市场细分标准。

在评价细分市场的基础上,企业选择目标市场时应该考虑下列因素:

1. 目标市场是否与企业的形象相吻合。

2. 目标市场是否与企业所拥有的资源相匹配。

3. 目标市场是否有潜在的效益。

当这些得到肯定之后,才能完成市场定位,以展现产品特色,形成竞争优势。

二、选择产品包装

产品包装已经成为一种营销手段和战略。包装即对生产的产品装箱、装盒、装袋、包裹、捆扎等,产品包装能够凸显企业的内涵和信息,对消费者形成直观的冲击,给消费者带来完美的视觉体验,同样的商品可能会因包装不同而产生不同的销售效果。

产品包装的选择要注意以下问题:

1. 包装要与商品价值相匹配,相对廉价的商品不适合进行高档包装,同样高档商品如果采用低廉的包装会降低商品的价值。

2. 包装要体现商品的特点和风格,如电子产品的包装以实用、耐磨、便于取放为原则,而饮料的包装一般以鲜明的色彩和逼真的造型体现饮料的原料特点,让消费者产生举杯而饮的冲动。

3. 包装要适合消费者的审美情趣、生活习惯和风土人情,如女士化妆品包装要做得精致、柔美,儿童玩具的包装要符合儿童对鲜艳色彩和多种造型的喜爱。

4. 包装要符合法律规定。尽管包装具备一定的经济魅力,但适度为宜,不能污染环境、浪费资源。2008年8月29日第十一届全国人民代表大会常务委员会第四次会议通过的《中华人民共和国循环经济促进法》明确规定:"设计产品包装物应当执行产品包装标准,防止过度包装造成资源浪费和环境污染。"

三、设计分销渠道

分销渠道是某种产品和服务在从生产者向消费者转移过程中,取得这种产品和服务的所有权或帮助所有权转移的所有企业和个人,包括商人中间商和代理中间商,以及处于渠道起点和终点的生产者和最终消费者或用户,但不包括供应商、辅助商。

设计分销渠道要综合考虑企业、产品、顾客、中间商、环境等,新创企业可以结合产品或服务的特点以及相应的影响因素,采用电话销售、邮购销售、直销、自动售货等方式进行测试。

四、整合促销手段

为使消费者了解和注意企业的产品,激发其购买欲望,实现其产品购买行为,企业可以对产品采取促销手段。促销的同时也可以对企业及产品进行强大的宣传,增强企业的市场竞争力。

企业一般可以采用如下促销手段:

1. 广告促销

广告是通过一定媒体的运作,透露商品特性和消费者的附加利益,从而激发消费者对商品的兴趣,促进产品销售而产生的一种行为和手段。

比较常见的广告形式有电视等立体广告和报纸等平面广告等。电视广告表达性好,是展现并演示产品的最有效方式,但生产费用很高,通常用于品牌建立时期;报纸广告也是一种很好的促销方式,但仅局限于某一地域范围内或当地市场,保存期限非常短,通常不能被仔细地阅读。此外,广告形式还有宣传册和传单、时事通讯、黄页等。

广告形式的选择首先要考虑广告成本,其次要考虑广告形式的特点。企业要根据实际能力控制广告成本,选择合适的广告媒体,做好策划与宣传,以达到预期效果。

2. 营业推广

营业推广是企业在一定的时机或者特定地点,采用特定手段对消费者进行产品

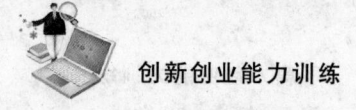

促销,促使产品销售额迅速增长的促销方式。营业推广手段主要包括免费赠送试用、发放折扣券、有奖销售等方式,企业也可以对渠道中间商进行营业推广活动。

3. 人员销售

人员销售是企业销售人员直接同目标市场或顾客建立联系、传递信息、促进商品和服务销售的活动,是一种独特的促销手段。人为性很强,销售效果直接、显著。为形成有效的销售活动,销售人员必须对目标市场和客户信息进行调研,搜集客户的有关资料,以便在面对面的销售中更有针对性。优秀的销售人员是企业优秀的人才资源,必须具备良好的政治素质、业务素质、心理素质和公关能力,新创企业有必要建立一支优秀、稳定的销售队伍。

综合训练

一、你的促销计划

假设你的企业准备进行一项促销计划,通过填写下表,整理你打算采用的促销方式并预测促销所需的费用等,可以通过调研的方式了解竞争对手是如何促销的,依此选择适合自己企业的促销方式。

促销目标	促销地点	促销时间	促销方法	费用预算(元)

二、销售能力测试

台湾哈佛企业管理顾问公司培训销售员时,设计了一套销售能力自我测试题,借以使销售员了解自己的销售能力。

希望您在三分钟内,从 A、B、C、D 四个答案中选择一个。

1. 假如您的客户询问您有关产品的问题,您不知道如何回答时,您将:

    A. 以您认为对的答案,用好像了解的样子来回答

    B. 承认您缺乏这方面的知识,然后去找正确答案

C.答应将问题转呈给业务经理
　　D.给他一个听起来很好的答案
2.当客户正在谈论,但很明显他所说的是错误的,您应该:
　　A.打断他的话,并予以纠正　　　B.聆听然后改正话题
　　C.聆听并找出错误之处　　　　D.利用反问使他自己发觉错误
3.假如您觉得有点泄气时,您应该:
　　A.请一天假不去想公事　　　　B.强迫自己更卖力去做
　　C.尽量减少拜访　　　　　　　D.请示业务经理和您一块去
4.当您拜访经常让您吃闭门羹的客户时,您应:
　　A.不必经常去拜访　　　　　　B.根本不去拜访他
　　C.经常去拜访并试图去改善　　D.请示业务经理换人试试
5.您碰到对方说"您的价格太贵了",您应该:
　　A.同意他的说法,然后改变话题
　　B.先感谢他的看法,然后指出一分钱一分货
　　C.不管客户的说法
　　D.运用您强有力的辩解
6.当您回答客户的质疑之后,您应该:
　　A.保持沉默并等待客户开口　　B.变换主题,并继续销售
　　C.继续举证,以支持您的观点　　D.试行订约
7.当您进入客户的办公室时,正好他在阅读,他告诉您可以一边阅读、一边听您的话,那么您应该:
　　A.开始您的销售说明　　　　　B.向他说您可以等他阅读完了再开始
　　C.请求合适的时间再访　　　　D.请求对方全神聆听
8.您正用电话约一位客户以安排拜访时间,总机小姐把您的电话转给他的秘书小姐,秘书问您有什么事,您应该:
　　A.告诉她您希望和他商谈　　　B.告诉她这是私事
　　C.向她解释您的拜访将带给他莫大的好处
　　D.告诉她您希望同他谈论您的商品
9.面对一个激进型的客户,您应该:
　　A.客气的　　　B.过分的客气　　C.证明他错了　　D.拍他马屁
10.面对一位悲观的客户,您应该:
　　A.说些乐观的事　　　　　　　B.对他的悲观思想一笑了之
　　C.向他解答他的悲观外表是错误的

D. 引述事实并指出您的论点是完美的

11. 在展示印刷的视觉辅助工具时,您应该:

　　A. 在他阅读时,解释销售重点

　　B. 先销售视觉辅助工具,然后再按重点念给他听

　　C. 把辅助工具留下来,让他自己亲身体验

　　D. 希望他把这些印刷物张贴起来

12. 客户告诉您,他正在考虑竞争者的产品,他征求您对竞争者的产品意见,您应该:

　　A. 指出竞争者产品的不足

　　B. 称赞竞争者产品的特征

　　C. 表示知道他人的产品,然后继续销售您自己的产品

　　D. 开个玩笑以引起他的注意

13. 当客户有购买的征兆,如"什么时候可以送货"时您应该:

　　A. 说明送货时间,然后继续介绍您的产品特点

　　B. 告诉他送货时期,并请求签订单

　　C. 告诉他送货时期,并试着商议销售提成

　　D. 告诉他送货时间并等候客户的下一步骤

14. 当客户有怨言时,您应该:

　　A. 打断他的话,并指出其错误之处

　　B. 注意聆听,即使您认为自己公司错了,但有责任予以否认

　　C. 同意他的说法,并将错误归咎于您的业务经理

　　D. 注意聆听,判断怨言是否正确,适时答应给予纠正

15. 假如客户要求打折,您应该:

　　A. 答应回去后向业务经理反映

　　B. 告诉他没有任何折扣了

　　C. 解释贵公司的折扣情况,然后热心地推荐产品的特点

　　D. 不予理会

16. 当零售店向您说"这种产品销售不好"时,您应该:

　　A. 告诉他其他零售店销售成功的实例

　　B. 告诉他产品没有按照应该陈列的方法陈列

　　C. 很技巧地建议他销售商品的方法

　　D. 向他询问销路不好的原因,必要时将货取回

17. 在获得订单后,您应该:

A. 高兴地感谢客户后然后离开

B. 略微交谈他的爱好

C. 谢谢他,并恭喜他的决定,扼要地再强调产品的特征

D. 请他到附近去喝一杯

18. 在开始做销售说明时,您应该:

A. 试图去发觉对方的爱好,并交换意见

B. 谈谈气候

C. 谈论今早的新闻

D. 尽快地谈些您拜访他的理由,并说明他可获得的利益

19. 在下列的情况中,哪一种是销售员充分利用时间的做法:

A. 将客户资料更新　　　　　　B. 当他和客户面对面的时候

C. 在销售会议中学习更好的销售方法　D. 和销售同事谈论时

20. 当您的客户被第三者打断时,您应该:

A. 继续销售不予以理会　　　　B. 停止销售并等候有利时间

C. 建议他在其他时间再来拜访　　D. 请客户去喝一杯咖啡

评分标准:

题号	1	2	3	4	5	6	7	8	9	10
A	2	1	1	1	1	2	1	1	5	3
B	5	3	5	1	5	1	5	1	1	2
C	3	5	1	5	3	2	3	5	1	1
D	1	2	3	3	2	5	2	2	1	5
题号	11	12	13	14	15	16	17	18	19	20
A	1	1	1	1	2	1	3	3	3	1
B	5	3	3	2	3	1	1	1	5	2
C	1	5	5	1	5	5	5	1	2	5
D	1	1	1	5	1	2	1	5	1	3

如果分数是 100 分,您是专业的销售员;

如果分数在 90-99 分,您是很优秀的销售员;

分数在 80-89 分,您是良好的销售员;

分数在 70-79 分,您是一般的销售员;

分数在 60-69 分,您是待训练的销售员;

分数在 59 分以下,您需要自问"我选择了销售这个行业是正确的吗?"

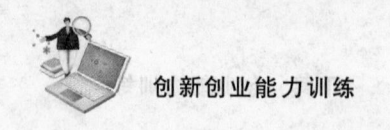

第四单元 加强创业管理

创业者在创业开始之前就要具备企业管理的知识,要加强创业的管理技能。创业者要具备处理创业风险的能力,有一定的财务管理知识,能够根据企业发展的需要组建自己的团队并对团队进行管理。

【案例一】

2005年12月,时为南京某大学大二学生的陈峰伟召开新闻发布会,宣布自主创办电器销售企业,并向外界公布了他宏伟而大胆的商业计划:第一年年销售额达到4000万;3年超过南京本地电器销售龙头"苏宁";5年上市,年销售额达到8亿元。半年后,自己创办的企业"唐电"电器销售公司在南京某大学城开业仅仅11天后,陈峰伟被南京市后宰门派出所的民警拘捕。随后,检察院正式批捕,其罪名涉及诈骗和非法集资。

陈峰伟在新闻发布会上,向记者们解释了他创办企业的资金构成:自己做生意积攒30万,向同学的父亲借款70万;从河南老乡那里筹集100万;江苏某地产商风险投资100万。资金来源简称"3个100万"。有记者询问经营卖场的可行性依据时,陈峰伟解释:"卖一部手机赚200,大学城每天有300部的需求。大学城12万学生每人每年换一部2000元的手机,一年就是2.4亿的市场,这还不算电脑等消费在内。"

2006年陈峰伟办理了退学手续,搬进了自己在校外租用的一套办公室内。原定2006年2月在大学城"大成名店"商场租用店面开业,但他一直没钱预交租金,于是劝说父亲拿出五六万块钱,又从同学中集资,在一次性拿出将近7万元钱预交店面租金后,陈峰伟的资金又面临枯竭。陈峰伟开始操作另一个"融资项目",和同学私下签订协议,以每张卡200元的报酬获得同学们的信用卡使用权,然后用信用卡套现。他用这种手法从同学手中收集的信用卡在50张左右,套现总额度约18万元。6月25日,"唐电"首家门店终于开业,但门店里的数码商品寥寥无几,只有价值几千元的U盘和MP3,撑门面的笔记本电脑都是找朋友借来的。意识到被骗后,他曾经的一位合伙人报了警,陈锋伟随即被刑拘。

【案例二】

小陈因为对服装有着独特的见解,大学毕业后在家附近租了一间平房,购置了3台缝纫机,开起了一家改衣店,即从批发市场批发款式陈旧的服装进行再创作后,再拿到批发市场继续出售。

经小陈改装后的服装在市场上很受欢迎,不到三个月,他已经赚了将近6万元,于是他开始扩大经营。他退掉了原来租的平房,换了一间100多平方米的库房,征聘了10个缝纫工。随着生产量的增加,旧服装的进货量也迅速增加,小陈发现原来用来装饰服装的布头出现严重短缺,于是他开始批量进各式布匹。

随着产量的增加,销量也在增加,但小陈渐渐发现手中的资金越来越少。不过他记得从某本理财书上看过这样一句话:"只要现金一直流动,而且手中一直有现金,就没有问题。"所以他对这件事情也没有太在意。两个月又过去了,随着大量的出货,小陈必须每天大量购入服装和布料,账面资金慢慢变少,他开始意识到可能是成本问题,但他怎么算也找不出现金减少的症结。这时,一些以前给他批发布匹的供货商找上门来,他才发现自己不知不觉已经赊销了大量布匹,在付清货款和工人的工资后,他惊讶地发现除了积压的原材料外,他已经所剩无几。

以上两个人在创业的过程中都出现了问题,一个彻底失败,另一个虽不至于破产,但相对于一年的辛苦,最后却是收获无几。主要原因分析为以下几点:

1. 企业创办之前要考虑到创办企业可能出现的风险,特别是资金、技术、团队人员间可能会出现的问题,并且要有针对性地提出有效解决方案,风险预防要在法律允许的范围内进行,要切合实际。

2. 企业创办过程中要对企业的规模、资金流量有一个准确的评估,要在合理的分析之后再决定是否扩大生产与支出,可以雇用专门的会计人员进行规范的财务管理,严格计算每月的收支比率,使其准确清晰,避免产品的积压与成本消耗。

第一节 创业风险管理

风险是指一定环境、一定时间段内,影响决策目标实现的不确定性,或是某种损失发生的可能性。新创企业由于创业环境的不确定性,创业机会与企业运营的复杂性,使创办企业时刻置身于风险之中,勇于承担失败的风险和拥有风险管理能力是创业者必备的素质。

一、创业风险来源

1. 资金风险

资金短缺直接影响创业项目能否实施以及创业目标能否实现。创业初期,企业的融资条件比较苛刻,只能依靠现有资金运作经营,一旦资金不足,企业日常运营就会非常困难,甚至会出现破产。

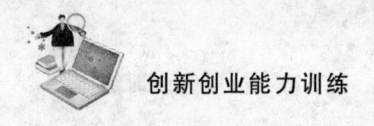

2. 竞争风险

创办企业要随时考虑如何面对竞争的问题,如果创业者选择的行业是一个竞争非常激烈的领域,那么在创业之初极有可能受到同行的强烈排挤。一些大企业为了把小企业吞并或挤垮,常会采用低价销售的手段。对于大企业来说,由于规模较大或实力雄厚,短时间的降价并不会对它造成致命的伤害,而对初创企业则可能意味着彻底毁灭的危险。因此,考虑好如何应对来自同行的残酷竞争是创业企业生存的必要准备。

3. 技术风险

技术风险是指在企业技术创新过程中因技术因素导致创业失败的可能性。首先,创新技术从研究开发到实现产品化、产业化的过程中,任何一个环节的技术障碍,都将使产品创新前功尽弃,归于失败。另外,如果赖以创业的技术创新不能够实现工业化,或不能在高技术寿命周期内迅速实现产业化、收回初始投资并取得利润,就有可能造成创业的夭折。

4. 市场风险

市场风险是指市场主体从事经济活动所面临的盈利或亏损的可能性和不确定性。如果没有好的市场战略规划,产品在价格定位、用户选择、上市时机、市场区域划分等方面出现失误,就会给产品的市场开拓造成困难。同时,如果企业产品市场容量较小或者短期内不能被市场所接受,那么产品的市场价值就无法实现,投资就无法收回,从而造成创业的夭折。

5. 团队风险

现代企业越来越重视团队的力量。创业团队能使创业企业迅速地发展,但同时蕴含风险,一旦创业团队的核心成员在某些问题上产生分歧不能达到统一时,极有可能会对企业造成强烈的冲击。创业团队在面临与股权、利益相关联的问题时,也容易出现问题。创业企业还要注意高素质业务骨干流失的风险。

二、风险管理

1. 风险识别

要化解风险,首先要正确、全面地识别风险,分析可能面临的各种潜在损失,可以通过现场观察、财务报表、业务流程以及咨询等方式识别创业中的风险。现场观察法是直接观察企业的各种生产经营设施和具体业务活动,具体了解和掌握企业面临的风险;财务报表法是通过分析资产负债表、损益表和现金流量表中的科目,确定企业在何种情况下会存在何种风险及成因;业务流程法是以业务流程图的方式,将企业从原材料购买到产品销售的各个环节进行风险分析与处置;咨询是委托咨询公司等机构进行风险调查和识别,提出风险管理方案。

2. 风险评估

风险评估是在风险识别的基础上，对收集的详细资料加以分析。通过风险评估识别企业面临的各种风险，可以按照相关损失发生的概率进行分类评估，确定企业发生风险的可能性及其危害程度。根据企业承受风险的能力，确定风险消减和控制的优先等级，推荐风险消减对策。

3. 风险控制

风险控制就是在风险识别和风险评估的基础上，针对企业存在的风险因素，采取各种控制技术，尽量减小企业的风险暴露，降低损失频率和减少损失幅度，并适时监督企业风险控制的效果。目前，企业主要采用风险回避、风险转移、风险分散、损失控制的方法进行风险控制。

风险回避是主动放弃或拒绝实施某项可能引起风险的方案；风险转移是指将自身可能遭遇的损失或不确定后果转嫁他人的风险处理方式；风险分散是指通过投资组合或资产的多元化，将风险分散；损失控制是指在损失发生前全面地消除损失发生的根源，并竭力减少致损事故发生的概率，在损失发生后降低损失的严重程度。

综合训练

危机管理能力自测

风险与危机并存，危机管理能力强，说明在企业运营中处理风险的能力也强。通过下列问题对你的危机处理能力进行测试，请如实作答。

1. 你的企业负责危机处理的是哪个部门？

    A. 公关部　　　B. 随时成立，总经理负责制　　　C. 各部门自己负责

2. 根据以往经验，你是如何处理危机的？

    A. 事前控制，预防为主　　　　　B. 事中控制，尽量不扩大

    C. 危机处理后总结避免

3. 作为领导，你如何看待企业目前的良好势头与健康发展？

    A. 居安思危　　　　　　　B. 始终保持清醒头脑

    C. 很满意，形势会更好

4. 作为总经理，你认为什么时候企业会面临危机？

    A. 随时都有，只不过没有显现出来　　　B. 重大问题发生时

    C. 只要预防就能避免

5. 面对突然出现的危机，你如何反应？

    A. 成立组织，为决策提供咨询　　　B. 高度重视，关注进展

    C. 责令公关部处理

6. 当危机公关组织成员意见不一致时,你如何处理?
   A. 综合分析,查漏补缺　　　　　B. 以多数人的意见迅速作出判决
   C. 遵循有经验者的意见

7. 危机发生后,通常谁与媒体打交道?
   A. 公关部经理　　　　B. 危机处理领导　　　　C. 公司总经理

8. 在危机处理中,如何做到企业始终发出同一种声音?
   A. 事先沟通,遵循处理程序　　　B. 指定对外发言人,规范内容
   C. 指定公关部专人

9. 危机发生后,你如何应对媒体?
   A. 迅速成立新闻中心　　B. 澄清事实,坦诚面对　　C. 公开部分信息

10. 面对媒体的不实报道,你如何应对?
    A. 迅速反应,说明真相　　　　B. 用事实证明和击破不实报道
    C. 同媒体沟通,纠正偏差

11. 危机处理完后,你如何反省?
    A. 吸取经验,学习反省　　　　B. 总结经验,建立危机机制
    C. 加强内部管理,明确权责

12. 面对企业市场份额不断缩小的危机,你如何处理?
    A. 从渠道和消费者的角度查明原因　　B. 研究应对竞争者的措施
    C. 加强广告力度

13. 面对企业经营危机,你如何诊断?
    A. 从资金流、人才资源和市场入手　　B. 从管理角度入手
    C. 从竞争者入手

14. 面对由企业人才不断流失而引发的人才危机,你如何处理?
    A. 探究企业人才需求,建立应对机制　　B. 反省用人机制
    C. 稳定现有人才

15. 面对竞争对手的崛起,你如何应对竞争危机?
    A. 迅速采取差别战略　　　　B. 系统构建,突出优势
    C. 学习有利于自己的一面

评估标准与结果分析:

以上各题选 A 得 3 分,选 B 得 2 分,选 C 得 1 分。

36 分以上,说明你的危机管理能力很强,请继续保持和提升。

24—36 分,说明你的危机管理能力一般,请努力提升。

24 分以下,说明你的危机管理能力很差,急需提升。

第二节　创业财务管理

财务管理是在一定的整体目标下,对投资、筹资、营运资金和利润分配进行预算、控制和调配。财务管理是企业管理的核心,是企业进行生产经营活动的基本保障。创业者要遵循科学系统的财务管理方法,提高资金使用效率,做到降低成本,有效指导企业的生产计划和决策。

一、企业财务管理要素

1. 资产管理

资产是指由企业拥有或者控制的、预期会给企业带来经济利益的资源,是企业从事生产经营活动的物质基础。企业资产管理通过多角度分析资产状况,可以帮助企业统一资产基础资料,准确记录资产的变动情况,提高资产利用率,实现资产的安全生命周期管理,能够将资产的申购、使用、维护和处置的管理与折旧、估值等财务处理实现账实一体化。

2. 负债管理

负债是企业承担的以货币计量的将来需要以资产或劳务形式偿还的债务。负债管理就是管理企业的债务、分析企业的偿债责任和债权人对资产的求索权利。

负债管理可以增强企业的市场能力,提高自有资金收益率,创业者通过综合而全面地分析自身各方面的实际情况,包括企业规模、企业发展阶段、生产经营状况、财务状况等确定企业负债比率。如果企业产品从长远来看,销售增长稳定、生产经营与财务状况良好,并且具有广阔的发展前景,可以适当增加负债资本在总资本中的比例。

3. 收入管理

收入管理是对企业通过日常活动形成的经济利益总流入进行的管理,企业收入分主营业务收入和其他业务收入。主营业务收入来自企业为完成其经营目标而从事的日常活动中的主要项目,如销售企业通过销售商品获得的收入;其他业务收入是指通过主营业务以外的其他日常活动获得的收入,如企业通过销售多余原材料获得的收入。

4. 费用管理

费用管理是指对企业在日常活动中发生的会导致所有者权益减少的、与向所有者分配利润无关的经济利益的总流出的管理。费用就是企业生产经营过程中发生的各项耗费,费用管理的目的是取得收入、获得更多资产。

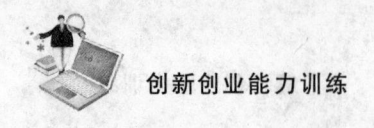

5. 利润管理

利润是指企业销售产品的收入扣除成本价格和税金以后的余额,利润金额取决于收入和费用、直接计入当期利润的利得和损失金额的计量。利润管理就是确定并测算企业目标利润,通过综合平衡,加强目标利润的考核分析,组织目标利润的实现。

二、财务管理的基本内容

1. 投资管理

投资管理是指企业为谋发展而增加资金总量、扩大经营规模的管理活动,是企业财务管理中的重要组成部分,其优劣程度直接影响企业的生存和发展。企业通过有效的投资管理,有效利用资金,既能使其充分运转又能扩大企业规模。进行投资管理时要建立严格的管理秩序,做好预测和决策,以减少风险、提高效益。

2. 筹资管理

融资问题是所有初创期和成长期的企业核心的财务问题,创业者要正确预测资金需求,综合考虑企业的生产经营规模、投资需求、发展目标等方面来确定筹措资金的总额,以保障生产经营和投资活动的顺利进行,同时又避免不必要的资源浪费。合理选择筹资渠道和方式,尽可能地将筹资成本降到最低,以提高资金效益,减少企业负担。此外,管理者还要经常分析宏观经济形势、货币政策和财政政策等相关情况,及时了解国内外利率、汇率等金融市场的信息,预测影响企业筹资的各种因素,把握合适的筹资机会,以作出正确的筹资决策。

3. 营运资金管理

营运资金是企业正常运转的基本保障,是企业财务管理的重要组成部分。营运资金管理是企业流动资产及流动负债的管理。流动资产管理就是加快现金、存货和应收账款的周转速度,尽量减少资金的过分占用,最终降低资金占用成本;流动负债管理就是利用商业信用通过向银行借款等方式解决资金短期周转困难的问题。从财务角度看,营运资金应该是流动资产与流动负债关系的总和,在这里"总和"不是数额的加总,而是关系的反映。如果流动资产等于流动负债,则占用在流动资产上的资金是流动负债融资;如果流动资产大于流动负债,则与此相对应的"净流动资产"要以长期负债或所有者权益的一定份额为其资金来源。

4. 利润分配管理

利润分配,是将企业实现的净利润按照国家财务制度规定的分配形式和分配顺序,在国家、企业和投资者之间进行分配。利润分配的过程与结果,是关系到所有者的合法权益能否得到保护、企业能否长期稳定发展的重要问题,为此,企业必须加强利润分配的管理和核算。企业利润分配的主体一般有国家、投资者、企业和企业内部职工；利润分配的对象主要是企业实现的净利润；利润分配的时间即确认利润分配的时间，是利润分配义务发生的时间和企业作出决定向内、向外分配利润的时间。

作为创业者，还要熟悉和运用财务报表，包括反映企业的资产、负债和权益的相关概况的资产负债表，反映企业在一定时期内利润实现（或亏损）的损益表等。

综合训练

一、某企业困境

在广东省某工业重镇，有五个投资者共同经营着一家燃气企业，这是一家由五六个液化气供应站通过简单合作协议组成的松散型合伙企业。通过合作，他们实现了对该地区液化气零售市场高达70%的垄断，有着很好的盈利前景。

时过一年，企业在业务上开展顺利，实现了部分预期的利润。但是企业管理却整体失控，特别是财务控制方面问题不断，包括账目不清晰、现金经常被挪用、现金账户经常性亏空等，资金周转问题越来越突出。另外，公司费用支出也管理混乱，支出多头、账目不清、混乱之下，逐渐出现了一些不该出现的漏洞。

为了扭转这种局面，合作企业决定对企业进行治理整顿，其中财务问题成为重点。

思考：

1. 假如由你来对企业进行整顿，在财务管理方面你将采取什么措施？
2. 你会为该公司的财务管理制订什么样的管理制度？

二、测试你的理财意识

1. 你现在手头上有多少钱？
   A.精确地知道   B.大概知道   C.完全没概念
2. 你知道多少投资项目？
   A. 5个以上   B. 2—5个   C.只知道放在银行生利息
3. 你的钱主要用在哪里？
   A.全放在银行   B.全花光   C.做了好几项投资
4. 你清楚每个月花掉的钱吗？
   A.心中没数   B.不透支就不管   C.有计划
5. 买大件商品时你会怎么做？
   A.货比三家，全面搜集资料   B.选品牌   C.能用就行
6. 逛商场时你会有怎样的表现？
   A.狂买很多东西，回家后才发现很多都是没用的

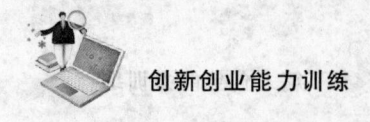

B. 大致买些需要的东西,随性而行

C. 有计划地购买,巧妙地利用打折

7. 别人给你好看的旧衣服时,你会怎样?

  A. 欣然接受   B. 勉强收下,但不会穿

  C. 怕面子上不好看而坚决不收

8. 对于请客吃饭你的看法是?

  A. 量力而行,不给自己添负担

  B. 在可操纵的范围内,尽量挑好的

  C. 为了面子不管口袋,借钱也得请

9. 买房子时你会如何筹钱?

  A. 按揭买房,量入而出   B. 攒钱一次买清

  C. 看中就买,不够就找人借

评分标准:

题号	1	2	3	4	5	6	7	8	9
A	2	2	0	0	2	0	2	2	2
B	1	1	1	1	1	1	1	1	1
C	0	0	2	2	0	2	0	0	0

测评分析:

0—4分,建议你不要急着掌管钱包,还是先阅读几本理财类图书和杂志,因为对于理财,你还需要学习很多东西。

5—9分,恭喜你已经意识到钱是需要费心打理的,但你也需要多关注你的钱包,多看看周围的人是如何管理自己的资源的,你的理财能力还有待于提高。

10—13分,你已经具有一定的理财能力,但有些地方你却不太在意,如果你对你花出的每一块钱都多一份关注的话,你会发现原来在你身边还有不少资源有待开发。

14—18分,你的理财能力非常强。你懂得如何充分利用身边的资源,使其发挥最大作用。

第三节　创业团队管理

  创业团队是指在创业初期由一群才能互补、责任互担、愿为共同创业目标奋斗的人组成的特殊群体。好的创业团队对企业的成功起着举足轻重的作用,创业

者在公司创办之前就要学会组建并管理创业团队。

一、团队管理要素

1. 明确共同目标

企业的发展愿景如何,关键之一是看它有什么样的发展目标。创业团队应该有一个既定的共同目标,团队成员可以借此产生一致的凝聚力和奋发的动力。既定目标要与核心团队共鸣,目标一旦确定,最好不要随意更改,团队齐心协力,企业就能走向成功。

2. 选择团队人员

人是构成团队最核心的力量,人员选择是团队中非常重要的一个部分。团队需要由不同的人通过分工共同完成目标,在人员选择方面要考虑人员的经验与能力如何,最好是技能互补。

选择创业团队成员的关键是选择一个具有号召力且管理经验丰富的人作为团队领导核心。任何一个创业团队,有了坚强的领导,才能有良好的管理,团队才能团结一致,避免分分合合。

3. 建立绩效评估与激励体系

对于表现出色的团队,除了根据个体的贡献进行评估和激励之外,组织和管理者还应考虑以群体为基础进行绩效评估、团队激励及其他方面的变革,来强化团队的奋进精神。

4. 激发团队潜能

加强团队成员间充分的沟通协调,互相尊重,要激发每个人的潜能,使其愿意为目标全力以赴,不断学习成长。要善于利用团队各种资源,创造出最佳的绩效,作出最佳决策。

二、团队领导方法

1. 命令式

在企业创立初期,适合采用命令式团队领导方式,这种领导方式多采用自上而下的单向沟通方式,多数是由领导者作出决定,然后监督下属完成。领导可以帮助团队成员解决大量的问题。

2. 教练式

教练式领导方式中领导者是通过与团员双向沟通、征求相关意见后作出决定。采用这种方式,关键是帮助团队成员确认存在的问题,设定工作目标,指导团队完成任务目标。

3. 支持式

采用支持式领导方式就是领导者要让团队成员参与到问题的确认和目标的

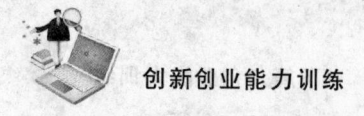

设定中,共同参与决策的制订。领导者多问少说,只是在必要时提供一些资源、意见和保证。

三、团队管理原则

1. 尊重团队成员个性

团队成员是由互补的个体组成的,在目标一致性的前提下,应尊重团队每个成员的个性。企业可以集合团队成员个体不同观点、风格进行综合分析,达成共同目标。

2. 鼓励团队成员间的支持和对抗

团队首先要支持和激励成员的多样性,使其相互之间形成内聚性,愿意接受其他具有专长、信息或经验和当前的任务或决策的相关人员的领导和影响。但如果团队成员太过于互相支持,团队将会抑制个人的想法和感受,造成信息视野不够畅通,所以还要在团队成员间形成一定的对抗,能够对存在的问题表示质疑,有利于企业作出正确的决策和行动。

3. 关注团队学习和发展

企业管理者不能仅仅关注团队的业绩,还要关注团队以及团队成员的学习与发展,加强企业文化和知识技能培训,强化团队成员综合素质,提升团队发展空间。

4. 培养相互信任精神

要培养团队成员间的相互信任,创业者要用语言和行动支持自己的团队,公平公正地对待团队成员。管理者制订相应的制度,明确管理团队过程中团队成员分担的责任和权利,并照章执行,让团队成员认识到决策者一贯的价值观念,增强信任度。

综合训练

一、你会怎么办?

假设你自己创办了一个小公司,雇了四名员工(两名全职,两名兼职)。你的这些员工都很可靠,只是有一名全职员工虽然工作做得不错,但经常迟到,还总是请假。这种情况影响了其他员工,并且影响到了整个公司的士气和规范管理。

根据上述问题,找出三个备选方案填写下表,并对各个方案进行分析。

备选解决方案	潜在优势	潜在劣势	方案的可能结果

二、这家公司怎么办？

某商贸有限公司是专做食品、饮料、酒类产品等代理业务的一家企业，最初是由三个朋友一起筹建的，这三个人也就成为该公司最大的股东。股东之一老刘在公司成立时，曾经许诺自己家族多年经营钢材、铁锭生意，有很多社会关系可用；还许诺今后在公司运作中遇到资金不够的时候，自己可以负责拆借。后来公司在经营过程中出现了问题急需资金，其他两位股东找到老刘时，老刘却没有拆借到钱，完全不能实现当时的承诺。三位股东的矛盾急剧恶化，最终导致企业解体。

思考：

1. 导致这家企业解体的最终原因是什么？

2. 企业应该如何避免这类事情发生？或者一旦发生这种事情，如何将风险化减为最小？

三、以小组为单位组建创业团队，要求作出以下说明：

1. 你们创建企业的类型、经营范围、将要面向的顾客群。

2. 本团队中每个人的分工与职责。

3. 本团队成员在创业过程中将如何做到相互配合。

参考资料

1. 郭强:《创新能力培训全案》(第2版),人民邮电出版社,2011年。
2. 何静:《大学生创新能力开发与应用》,同济大学出版社,2011年。
3. 唐殿强:《创新能力教程》。河北科学技术出版社,2005年。
4. 余伟:《创新能力培养与应用》,航空工业出版社,2008年。
5. 张立中、刘云虎:《创新能力培训教程》,中国统计出版社,2002年。
6. 梁良良:《创新思维训练》,中央编译出版社,2002年。
7. 胡雪飞:《创新思维训练与方法》,机械工业出版社,2009年。
8. 曹莲霞:《创新思维与创新技法新编》,中国经济出版社,2010年。
9. 张志胜:《创新思维培养与实践》,东南大学出版社,2012年。
10. 董青春:《大学生创业基础》,经济管理出版社,2012年。
11. 许湘岳:《创新创业教程》,人民出版社,2011年。
12. 彭怀祖:《大学生创新创业教育教程》,科学出版社,2012年。
13. 刘万韬:《大学生创新与创业教程》,南开大学出版社,2013年。

图书在版编目(CIP)数据

创新创业能力训练/《创新创业能力训练》编委会
编.—北京:中国书籍出版社,2014.3
ISBN 978-7-5068-4048-4

Ⅰ.①创… Ⅱ.①创… Ⅲ.①大学生-创造教育-教材
Ⅳ.①G640

中国版本图书馆CIP数据核字(2014)第029810号

创新创业能力训练

本书编委会 编

责任编辑	于海莲
责任印制	孙马飞　张智勇
封面设计	刘晶鑫
出版发行	中国书籍出版社
地　　址	北京市丰台区三路居路97号(邮编:100073)
电　　话	(010)52257143(总编室)　　(010)52257153(发行部)
电子邮箱	chinabp@vip.sina.com
经　　销	全国新华书店
印　　刷	青岛新华印刷有限公司
开　　本	787毫米×1092毫米　1/16
字　　数	187千字
印　　张	11.5
版　　次	2014年4月第1版　2014年4月第1次印刷
书　　号	ISBN 978-7-5068-4048-4
定　　价	25.00元

版权所有　翻印必究